生きものにあやつられた日本と世界の歴史

宮崎正勝・監修
Masakatsu Miyazaki

JIPPI Compact

実業之日本社

生きものが変えた歴史エピソード5

人間と生きものとの意外なエピソードを紹介します。

エピソード1

ローズベルト大統領の銅像の隣りには、愛犬が一緒にいる!?

←くわしくは36ページへ

エピソード2

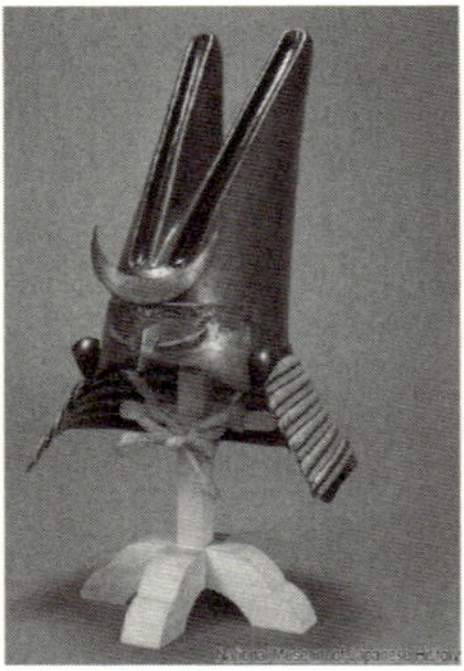

多くの戦国武将が、ウサギをモチーフにした兜をつくっていた！

←くわしくは78ページへ

エピソード3

ドードーは、人間に発見されて１世紀も経たずに絶滅した！

⬅くわしくは 108 ページへ

エピソード4

第二次世界大戦中、多くの兵を救ったハトが勲章を受けた！

⬅くわしくは 140 ページへ

エピソード5

江戸時代には、舶来動物の餌付けショーが行なわれていた！

⬅くわしくは 186 ページへ

〈まえがき〉

「生きもの」という切り口で、人類の歩みを見渡す

人間は、地球上に誕生して以降、狩りの対象として、もしくは協力者として、多くの生きものとかかわってきました。生活圏を広げるために森を切り拓き、海を渡り、多くの生きものと接していくことが必要になったのです。長い時間を経て、現在わたしたちのまわりには、家畜化された生きものや、ペットとして愛玩される生きものなどがあふれています。人類と共生し、あるいは人類社会に寄生する哺乳類や鳥、昆虫も増えてきたのです。

１６８５（貞享２）年、江戸幕府の将軍・徳川綱吉によって、「生類憐れみの令」が発布されました。世界でも珍しい動物愛護の法令です。綱吉はとくにイヌを大切にし、江戸につくられた巨大なイヌの収容所を管理するため民衆に多大な負担をかけました。

現在では、家畜や害獣などを除けば、身のまわりの生きものは愛護されるべき存在とされています。ただ、行きすぎてしまったために、社会に悪影響を与えました。

これは日本の権力者が出した法令ですが、それにかぎらず、生きものと人間が生み出した多様な関係は世界史と自然界の関係を考える際に有益です。

人間の技術発展を手伝った生きもの、多くの死者を出した感染症の媒介となった生きも

の、人間にすみかを奪われたり虐殺されたりして地球上から姿を消した生きもの、兵器や伝達役として戦場に駆り出された生きもの――など、長い歴史のなかで、人間は他の生きものに翻弄されたり、恩恵を受けたりしてきました。明治初期に来日したラフカディオ・ハーン（小泉八雲）は、ウマの供養と結び付く馬頭観音を見て、一挙に日本が好きになったと述べています。生きものに対するやさしい心根は、自然と共生してきた日本社会の特色でした。

本書では、日本と世界の歴史について、生きものという切り口から迫っています。哺乳類をはじめ、鳥、昆虫といったさまざまな生きものが、人間に影響を及ぼしてきたことを、ご理解いただければ幸甚です。

本書を通して、人間と生きものが長い時間をかけて育んできた多様な関係に思いを馳せていただければと思います。歴史に興味のある方、生きものが好きだという方の教養を深めるのに役立つよう願っています。

宮崎正勝《みやざきまさかつ》

【目次】

PART1 歴史上で活躍した生きもの

PART2
動物好きの偉人たち

PART3 人間を恐怖させた生きもの

PART4
人間の手で絶滅の危機に陥った生きもの

PART5
兵器利用された生きもののたち

PART6 生きもののはじめて物語

カバーデザイン・イラスト／杉本欣右
カバー写真／Haprvepino/gettyimages
benntennsann/PIXTA
本文デザイン／造事務所
文／倉田楽、佐藤賢二
ＤＴＰ／星島正明

PART1

歴史上で活躍した生きもの

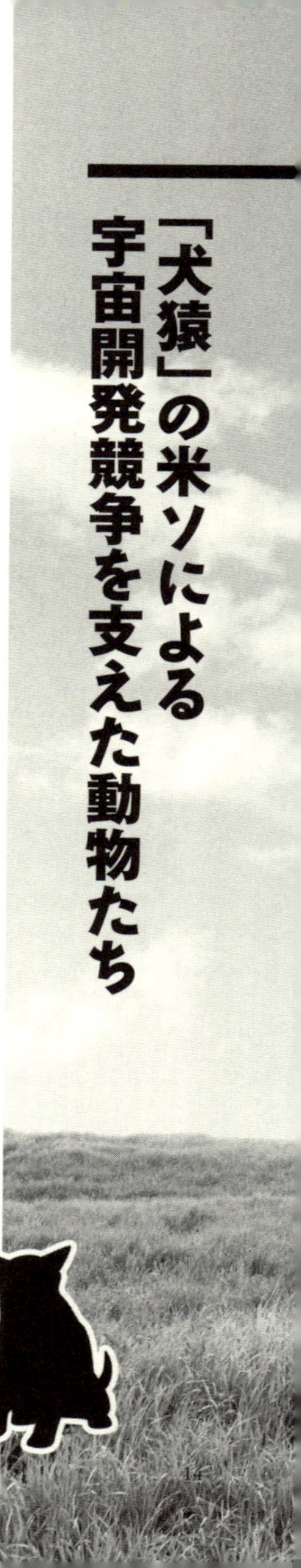

「犬猿」の米ソによる宇宙開発競争を支えた動物たち

人類史上、はじめて宇宙へ到達したのは旧ソ連の宇宙飛行士ガガーリン少佐だ。それは、１９６１年４月のことだった。これに先立ち、いくつかの動物実験が行なわれている。最初に宇宙に行った記念すべき生きものは、「ライカ」という名前の雑種のメス犬だった。ただし、かわいそうなことに地球に帰れない片道切符の宇宙旅行だった。

実験用の動物にイヌが選ばれたのは、訓練がしやすく、急激な重力荷重や気圧や温度の変化など、過酷な環境にも耐える動物と考えられたからだ。

ライカはもともとモスクワにいた野良犬で、捕獲されて訓練を受けた後、１９５７年11月に人工衛星スプートニク２号によって打ち上げられた。なお、初期の報道では「クドリャフカ」という名前で、犬種はスピッツだったとされている。

当時の公式発表では、ライカは宇宙船の中で１週間ほど生きのびた後、毒入りのえさで安楽死させられたことになっている。ただし、実際には宇宙で数時間しか生きられなかったようだ。打ち上げ後に宇宙船は光熱に包まれた。耐熱シートが破損し、ライカは狭い宇宙船内で身動きできない状態のまま、哀れにも蒸し焼きになったと推定されている。スプートニク2号も、地球への再突入のときに燃えつきてしまった。

この時期のソ連は宇宙開発で各国の一歩先を行っていたが、動物愛護の観点から西側諸国より非難の声も少なくなかった。いくら実験動物といっても、長く飼っていれば情が移るものだ。ソ連でも、一部の宇宙開発スタッフはライカに深く同情していたという。

●冷戦時代、「社会主義国の英雄」になったイヌたち

ソ連はその後も、イヌを利用した実験を何度かくり返した。スプートニク3号では観測機械、4号では人間を模したダミーの人形が打ち上げられたが、1960年8月に打ち上げられたスプートニク5号では、「ベルカ」と「ストレルカ」というメス犬2匹のほか、マウス40匹、ラット2匹などが乗せられた。これは一昼夜にわたって宇宙飛行したのちに無事に帰還し、地球周回から生還した初の動物となる。

冷戦時代のソ連では政治宣伝のため英雄的人物を描いた切手を発行しており、50～60年代には、ソ連ばかりでなくポーランドやルーマニアなど社会主義圏のいくつかの国で、ライカの姿を描いた切手が発行された。モスクワの軍医学研究所の近くには、ライカの像と

慰霊碑が建てられ、その業績をたたえるプレートが掲げられている。

●サルにカエルにクモに魚……宇宙に行った数々の動物

一方、アメリカは1959年5月、メスのアカゲザルの「エイブル」とメスのリスザルの「ベイカー」を乗せたジュピターMRBMを打ち上げ、2匹のサルは無事に地球に帰還した。ただし、これは大気圏外に出てすぐに戻ってくる15分間ほどの弾道飛行だ。

米ソ冷戦下の当時、ソ連とアメリカは「犬猿の仲」であり、文字どおりソ連がイヌを多く使用したのに対し、アメリカはサルを使うことが多かった。人間と同じ霊長類なので、有人人工衛星の開発には大いに参考になると考えられたのだ。

アメリカのNASAは、61年に宇宙船マーキュリー2号で「ハム」という名のチンパンジーを打ち上げた。ハムは、人間のように専用の宇宙服とヘルメットを着用した状態で宇宙船に乗せられ、16分あまりの弾道飛行のあと大西洋に着水して回収された。当時のアメリカの写真誌『LIFE』では、先に触れたアカゲザルのエイブルとリスザルのベイカーや、宇宙服姿のハムがまるでセレブのように表紙を飾っている。

このほかにも、ネコ、カメ、カエル、イモリ、金魚、カタツムリ、クモ、ハチ、カイコなどなど、宇宙に行った動物は数多い。なかには宇宙空間にうまく適応できない動物もい

1994年に宇宙へ行ったメダカ。（画像提供：JAXA/NASA）

た。クモは無重力状態では上手に巣をつくれなかったという。

1994年7月には、日本からアメリカのNASAに搭乗科学技術者として参加した向井千秋が、スペースシャトルで4匹のメダカを宇宙に連れて行った。

このメダカは、無重力空間でもきちんと泳いで産卵している。ところが、地球に帰った直後には、水槽の底に沈んでしまったという。

無重力状態にいた間、体内の浮き袋を使わないことに慣れてしまっていたかららしい。逆に、宇宙で生まれたメダカの稚魚は、宇宙にいたときと変わらず地上で泳いでいたという……。なかなか不思議な話である。

戦後日本の感動物語。極寒の地で行き延びたタロとジロ

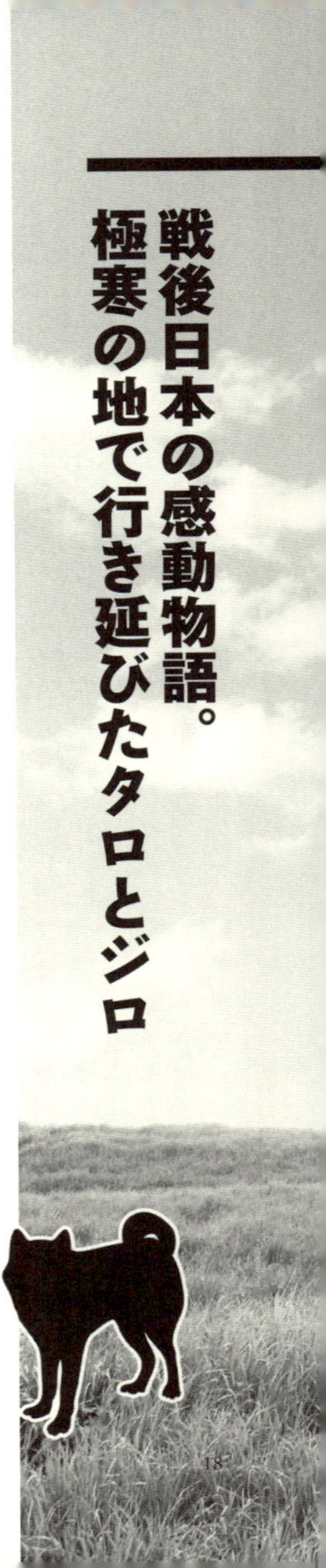

１９８３（昭和58）年に大ヒットした映画『南極物語』を覚えている人は少なくないだろう。この作品は、１９５８（昭和33）年２月、南極観測隊によってやむなく昭和基地に置き去りにされたイヌたちの実録がもとになっている。

古くから北極、南極の探検には犬ぞりが多用されており、日本の南極観測隊は、稚内《わっかない》や旭川、紋別など北海道の各地から寒さに強い樺太犬《からふとけん》を集めた。

国際地球観測年（国際共同観測事業）に先立ち、１９５６（昭和31）年11月、第１次南極観測隊を乗せた砕氷船「宗谷」が、76人の隊員と22頭の樺太犬を乗せて出港。翌年１月に南極に到着した後、数頭のイヌは運悪く行方不明になったり自然死したりしてしまったが、残りは昭和基地で隊員と苦楽をともにする。

翌年10月には第２次観測隊が続いて派遣されたが、悪天候のため越冬を途中で断念し、第１次観測隊員とともに帰国を余儀なくされた。船が接岸した場所から隊員が昭和基地に

戻る余裕はなく、15頭のイヌたちはそのまま基地に取り残されてしまう。

●奇跡としか言いようがなかった2頭の生存

観測隊員たちが南極を去ったとき、基地内のイヌは繋留場の鎖につながれており、7頭はそのまま繋留場で死んでしまった。残る8頭は首輪から頭を抜き出したり鎖を切って脱出したようだが、行方はわからず、人知れず氷原に埋もれたイヌもいたようだ。

だが、1959（昭和34）年1月に第3次観測隊がやってきたとき、繋留場から脱出した8頭のうち、3歳のオス犬のタロとジロの2頭が無事に発見された。昭和基地の一帯は冬季の平均気温がマイナス17度、最低気温はマイナス40度にもなる環境だ。タロとジロは、おそらくペンギンを捕食して生きのびたと推定されている。その後、タロとジロは第3次、第4次の観測隊とともに過ごしたが、ジロは肺炎にかかり、1960（昭和35）年7月に息を引き取った。翌年、タロはジロの遺体とともに帰国。故郷の北海道にある北大農学部の植物園で余生を送り、1970（昭和41）年まで生きた。

余談だが、1910（明治43）年に日本ではじめて南極探検に挑んだ白瀬矗《しらせのぶ》も30頭の樺太犬を連れていた。このときは6頭のみが生還し、そのなかにもタロとジロという名のイヌもいたという。因縁を感じさせるエピソードだ。

荷運びで活躍するあの動物は、「薬」にもされていた!?

ラクダといえば、アラビア半島を中心とした中東の砂漠の動物というイメージが強い。ところが、じつはラクダ科の哺乳類の発祥の地は北米なのだ。この地のラクダは約１万年前には絶滅している。どうやら気候の変化か人間に狩られたことが原因らしい。ただし、今も南米に生息しているアルパカやリャマなどはこのラクダの近縁種だ。

ラクダには、背中のこぶがひとつのヒトコブラクダと、こぶがふたつのフタコブラクダがいる。前者はインドからアラビア半島や北アフリカといった各地に生息するが、後者はモンゴルから中央アジアのみに生息する。

アラビア半島では、約３０００年ほど前からラクダを家畜化して荷運びなどに使うようになった。ラクダの身体は砂漠に適応した機能が満載だ。体毛は薄く、高い気温にも耐えられるように体温は34度から41・7度まで大きく変化し、身体に砂が入らないように鼻の穴を閉じることが可能で、水分を節約するため濃い尿を少量しか出さない。

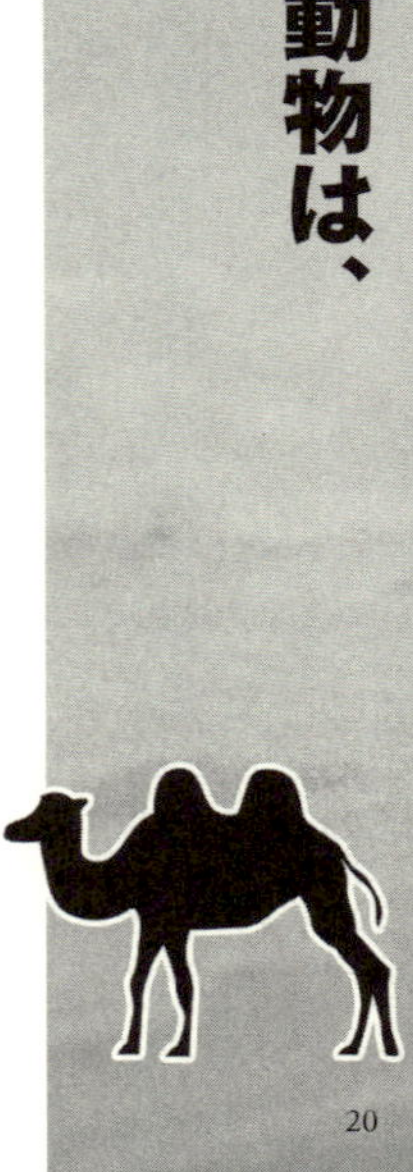

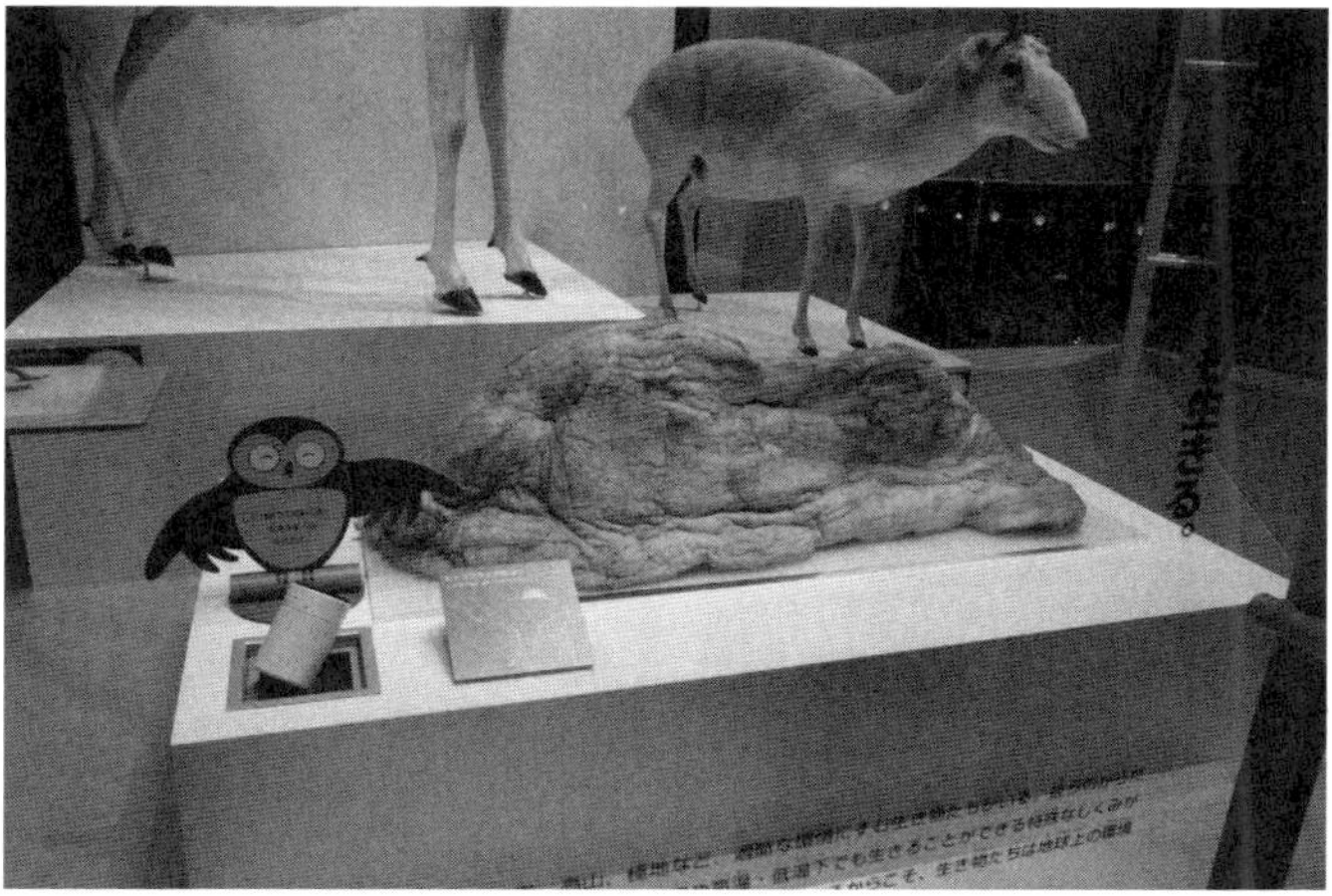

国立科学博物館に展示されるヒトコブラクダのこぶ。（写真提供：国立科学博物館）

何より最大の特徴は背中のこぶだ。かつてこぶには水が入っていると誤解されていた。実際には、砂漠の長旅でもエネルギーが尽きないように脂肪が詰まっている。脂肪が背中に集中していることで、全身に分散しているのに比べて体温が下がりやすいという特長もある。

ラクダを長旅に活用したのは中東のアラブ人だけではない、シルクロード交易に携わった中国人もラクダをさかんに利用した。その目的は荷運びだけではない。ラクダのこぶの中にある脂肪は峯子油（駝脂）と呼ばれ、漢方薬の材料にもされた。ラクダの脂肪を米の粉と練ってせんべいにしたものは、とくに痔《じ》の妙薬にされたという。

美しい絹を求めてカイコの卵を欲しがった西洋人

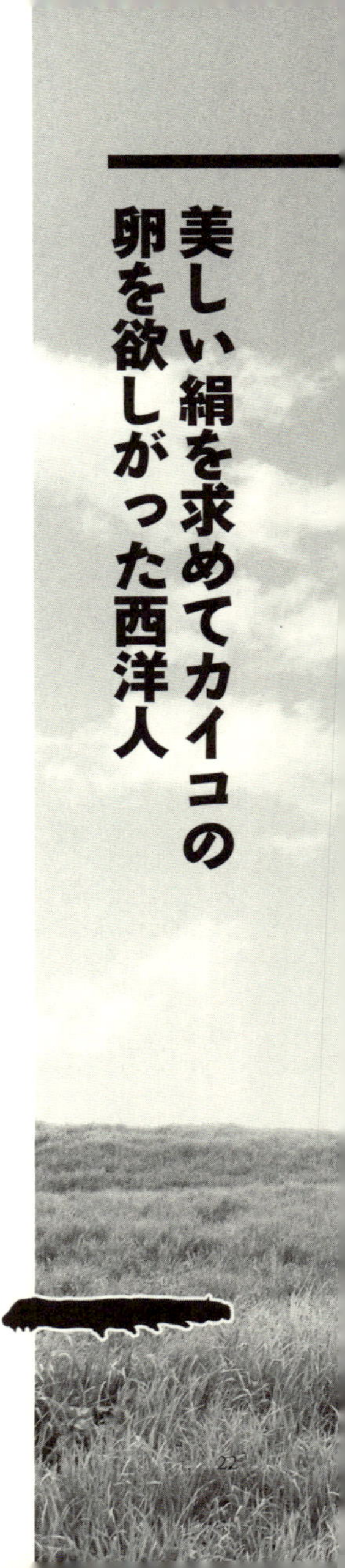

絹糸をつくるカイコは、野生のガであるクワゴを飼い慣らしたものだ。人間に家畜化された生きもののなかでも、完全に野生では生きられなくなった珍しい例だ。脚力が弱くて木などにつかまれず、体色は純白なので自然の森では目立って簡単に捕食されてしまう。

カイコを飼育して絹を編む養蚕は、紀元前４０００年ごろの中国で行なわれるようになった。現代の日本ではカイコのことを漢字で「蚕」と書くが、じつはこれは誤伝で、蚕という字は古代の中国ではミミズのことを指していたという。

長い間、ヨーロッパ人にとって絹の産地といえば中国だった。紀元前１世紀ごろから、ギリシア人やローマ人は中国のことをセリカ（Ｓｅｒｉｃａ）と呼んだ。これはシルク（絹）という意味を持つ。つまり、「中国＝絹の国」だったのである。

東洋と西洋を結ぶ交易路は後に「シルクロード」と呼ばれたが、絹だけでなくカイコも西へ運ばれた。美しい絹織物を生産するため、５５２年には東ローマ帝国の修道士が竹筒

シルクロード

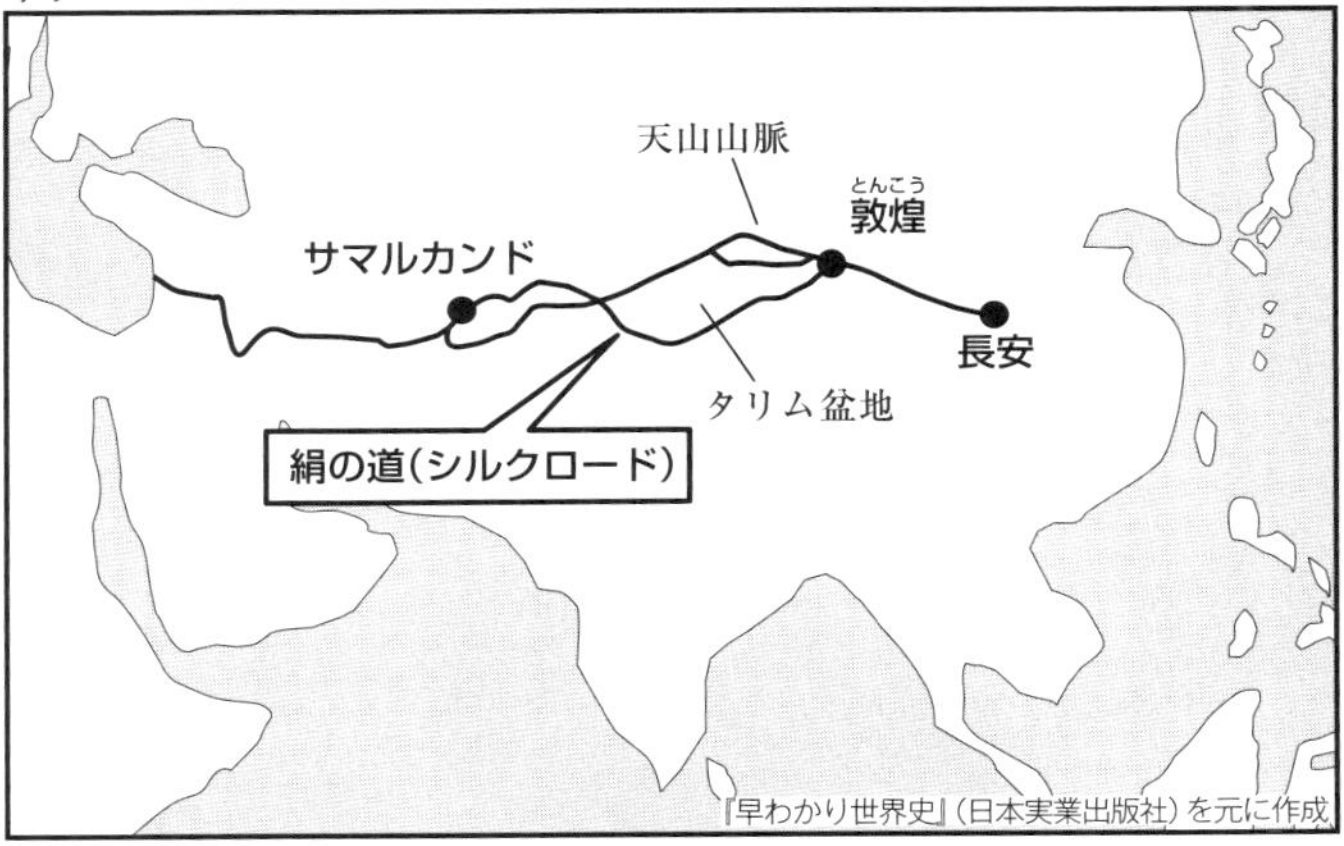

カイコの卵は、当時の中国からヨーロッパまで運ばれた。

にカイコの卵を隠して持ち帰る。そうして、中国ほどの規模ではないが、ヨーロッパでも養蚕が行なわれるようになった。

日本でも3世紀ごろに養蚕が伝来し、古代から皇室でも養蚕が行なわれた。現在、皇居内にある養蚕所は、1871（明治4）年に昭憲皇太后が養蚕業の奨励のためにはじめたものだ。

明治期から戦前までの日本において生糸の輸出が一大産業になるが、その前の幕末には、カイコの卵も西洋人に高値で売られた。なかには菜種をカイコの卵と偽って売りつける者もいたが、多くの場合は幕府の目をかいくぐっての闇取引だったので、だまされてしまった西洋人も訴えようがなかったという。

食用から国のシンボルに成り上がったニシキゴイ

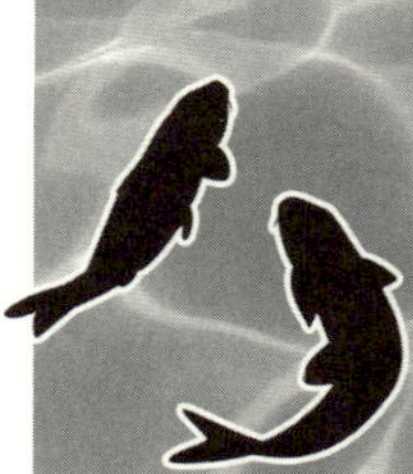

「今太閤」と呼ばれた首相の田中角栄（１９１８〜１９９３年）は、ニシキゴイを愛好したことで知られ、角栄の選挙区だった新潟県中部はニシキゴイ養殖の本場だ。角栄が住んだ東京の目白御殿など、和風の庭園には色あざやかなニシキゴイがつきものというイメージがあるが、じつは色あざやかなニシキゴイの歴史はそんなに古くない。

もともとコイは食用として飼われてきた。日本には1世紀ごろに中国から入ってきたとされるが、江戸時代までコイはもっぱら農村でのタンパク源にされていた。

カラフルなニシキゴイは、コイのなかでも突然変異で赤や金色などの美しい色彩や模様を持つようになったものだ。通説では、ニシキゴイの飼育がはじまったのは江戸時代後期の文化・文政年間（１８０４〜１８３０年）ごろとされている。

同じ観賞魚でも、赤いフナを品種改良した金魚は10世紀から養殖されていたというので、かなり遅めだ。しかも、ニシキゴイの飼育と商業化が進んだのは、ほぼ明治期以降の話となる。明治期には「ニシキゴイ」という言葉もまだ定着しておらず、「色鯉《いろごい》」とも呼ばれた。このネーミングは「色恋」を連想させて軟派かつ、華美な物を嫌う保守的な人たちから非難を浴び、新潟県では飼育の禁止令まで出された。当時は、食用ではない観賞用の魚を育てることの価値がなかなか認められなかったのだ。

●少年期の昭和天皇もニシキゴイに大注目

こうした状況下、1914（大正3）年の東京大正博覧会に新潟県産のニシキゴイが出品されると注目を集め、生物学に関心の強い裕仁《ひろひと》親王（後の昭和天皇）や、海外からの入場者に高く評価された。それ以降、ニシキゴイの養殖が各地に広まっていく。

現在、ニシキゴイのもっとも代表的な品種は白、黒、赤の入りまじった「大正三色《さんしょく》」と「昭和三色」だが、江戸時代の元号がついた品種はない。そして、大正三色が生みだされる過程では、鯉どうしの交配に19世紀に発見されたメンデルの遺伝の法則が活用された。このことからわかるように、意外にもニシキゴイというのは近代の産物なのだ。

1969（昭和44）年には第1回全国錦鯉品評会が開かれ、それを記念する『国魚』という冊子が発行されたが、その題字を書いたのは冒頭に触れた田中角栄だ。それ以降、しだいにニシキゴイのことを日本を象徴する国魚と呼ぶことが広まっていった。

〝鳥のフンでできた島〟がたどった意外な運命

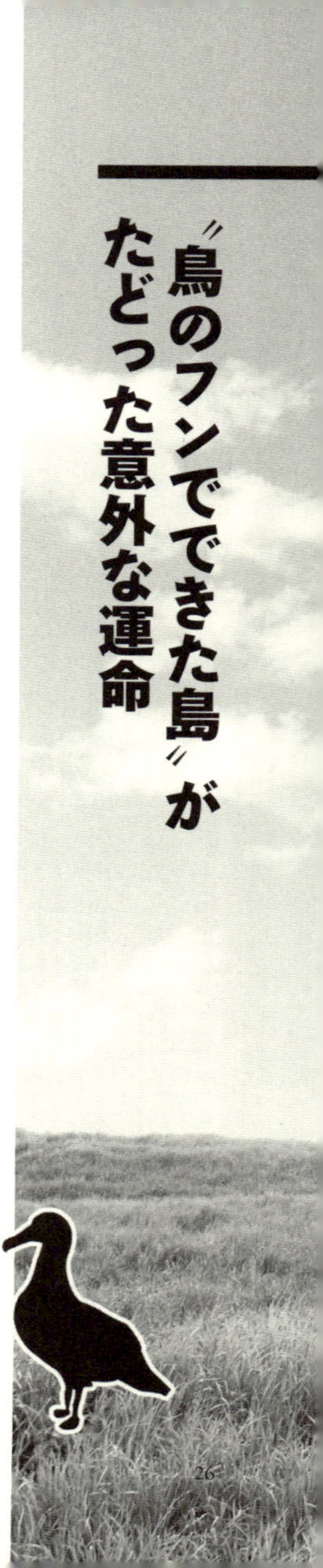

南太平洋にナウル共和国という国があるのをご存じだろうか？　場所はパプアニューギニアの東で、国土面積は世界で３番目に小さく、農地も工場もほとんどない。
ところが、この国は長い間、税金はゼロで教育も医療も光熱費もタダだったため、国民の大多数は食っちゃ寝てばかりの生活を送り、成人の肥満率は80％近い。
いったい何がナウルの経済を支えていたのか――答えは国土の大部分を占めるリン鉱石にある。リンはカルシウムとともに動物の骨を構成する物質だが、肥料としても重宝される。なぜ太平洋に浮かぶ島に豊富なリン鉱石があるのかというと、じつは、長い歳月の間にアホウドリなどの海鳥のフンが蓄積されて変化したためだ。
ナウルは１８８８年にドイツ領になったのち、さかんにリン鉱石が採掘されるようになった。その後、イギリス連邦の委任統治を経て１９６８年に独立したが、リンの輸出だけで豊富な収入があるため、ニートばかりの国になってしまう。しかし、現在はリン鉱石

南太平洋に浮かぶナウル共和国

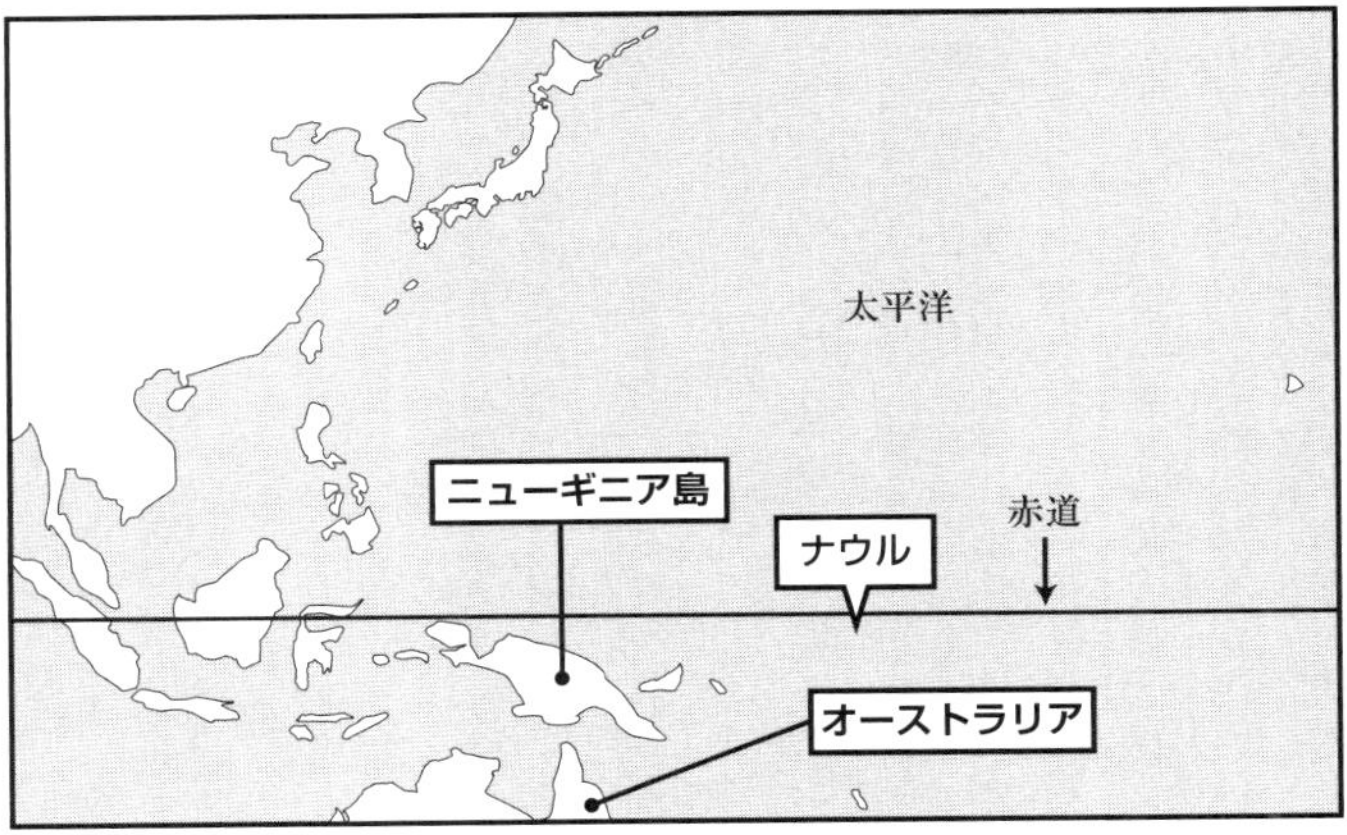

ナウルは、南緯0度32分、東経166度55分の赤道近くに位置している。

も枯渇し、外貨が得られなくなって国民は困窮している。

ナウルのリン鉱石のように海鳥のフンが堆積してできた鉱物は、「グアノ」と呼ばれる。グアノ利用の歴史は古い。かつて南米の太平洋岸に栄えていたインカ帝国では、13世紀からグアノを集めて肥料として活用し、ジャガイモやトウモロコシを栽培した。

南米や南太平洋の島々では、白人の到来後、さかんにグアノが採掘されるようになった。チリとボリビアの間では、1879年にグアノの利権が発端となった戦争まで起きている。よりによって海鳥のフンが戦争の一因になるとは、意外な話である。

ローマの建国者はオオカミが育てた!?

日本では、人間による駆除のためオオカミが絶滅してしまった。そして、ヨーロッパでも似たような経緯をたどり、20世紀にはほとんど死に絶えている。だが、ヨーロッパの歴史の発端といえるローマ帝国の建国神話には、オオカミが深く関わっている。

伝説によれば、古代のローマはロムルスとレムスという双子の兄弟によって建国された。彼らの先祖は、トロイア（現在はトルコ領）の勇者アエネイスだ。イタリア半島に流れついたアエネイスは王になるが、その子孫であるアムリウスは兄のヌミトルから王位を奪い、兄の血を引く男児を皆殺しにしてしまう。さらに、女児のレア・シルウィア（イリア）を女神ウェスタの巫女にした。巫女は結婚できないので子孫は残せないはずだったが、成長したシルウィアは軍神マルスの子を身ごもる。それがロムルスとレムスの双子だという。

アムリウスは怒ってこの双子をかごに入れて川に流すが、双子はやがて川岸に流れつく。ここで登場するのが1匹の雌のオオカミだ、ロムルスとレムスの兄弟はオオカミの乳を飲んで育ち、羊飼いに拾われて成長した。

その後、ロムルスとレムスはアムリウスを倒して祖父のヌミトルを復位させ、自分たちが拾われた場所に新たな都市を築く。ところが、ロムルスが定めた神聖な城壁をレムスが勝手に越えてしまったことで争いになり、ロムルスはレムスを殺害する。

以降、この都市はロムルスの名にちなんで「ローマ」と呼ばれることになったという。

●ヨーロッパでは増えつつある野生のオオカミ

オオカミの乳を吸う赤子の姿のロムルスとレムスの図案は、ローマ帝国を象徴する紋章のひとつにも使われている。オオカミは肉食獣のなかでも古代から人類におそれられてきたが、家族を大事にする愛情深い動物でもあり、生涯にわたって男女のつがいは別れない。そんな義理固さから、ロムルスとレムスの伝承が生まれたのかも知れない。

現代のヨーロッパでは、オオカミの保護がされている。これは、EUの発足を契機にオオカミがローマ帝国の建国に果たした役割が再評価されたから――ではもちろんない。オオカミが減るとその捕食対象のシカやイノシシなどが増えすぎて、自然環境に悪影響が出るためだ。とはいえ、家畜への被害を懸念してオオカミの保護に反対する声も少なくない。

ローマ帝国が興ったイタリアでは現在、オオカミの生息数は５００頭ほどだ。

食べられるの？　イラン国民を困らせた魚

ブタ、イヌ、クマ、サル、ネコ、タカ、フクロウ、ロバ、ヘビ、サソリ……これらに共通するのは、イスラム教の戒律で食べることを禁じられていることだ。

イスラム教の戒律は、同じく中東で成立したユダヤ教と共通している部分が多く、先の例のほか「うろこのない魚介類」も食べてはいけない決まりになっている。ユダヤ教の場合、タコやイカ、貝類、エビやカニなどは禁止だが、イスラム教の場合は地域によって解釈が分かれる。だが、どちらの宗教でも普通の魚類なら大部分は許されている。

ただし、世の中にはうろこがあるように見えない魚類もいる、チョウザメがそうだ。ロシアではチョウザメの卵を塩漬けにしたキャビアが名物だが、チョウザメが生息するカスピ海はイランにも面しているので、昔からイラン人もキャビアをおいしくいただいたり、外貨獲得のために輸出したりしてきた。

ところが、１９７９年にイランでイスラム革命が起こり、状況は変わる。最高指導者と

カスピ海を囲む国ぐに

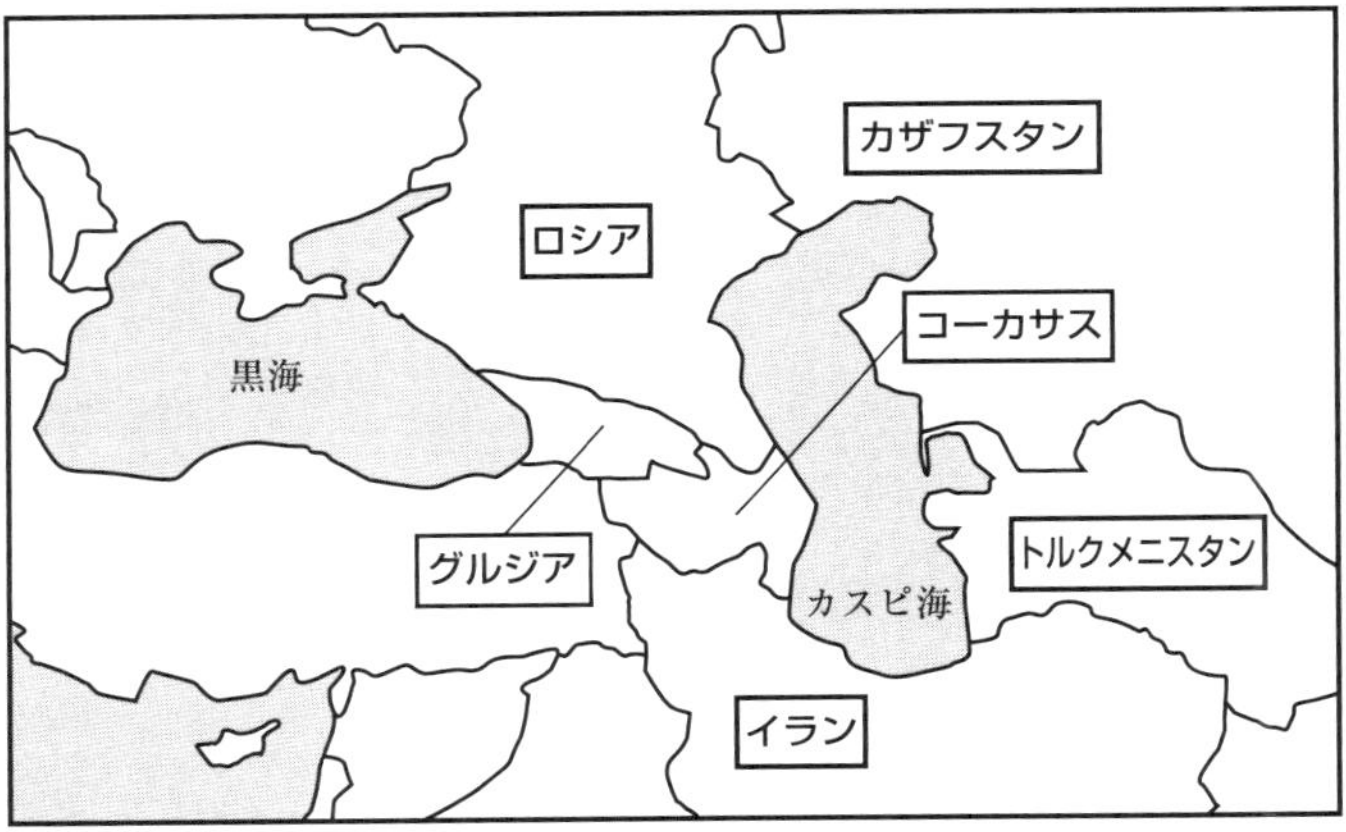

イランが面するカスピ海には、チョウザメが生息する。

なったイスラム法学者のホメイニ師は、「今後は日常生活すべてイスラム教の戒律を徹底すべし！」と宣言。こうして、イラン国内ではキャビアをあつかえなくなってしまう。多くのイラン国民は困り果てた。そこに学者が顕微鏡でチョウザメの皮膚を観察し、チョウザメにうろこがあることを発見。キャビア禁止令は撤回されたという。

じつは、そもそもチョウザメ（英語では「スタージェン」）という名は、うろこの形状がまるで蝶のように見えることに由来する。

とはいえ、普通の魚の丸いうろこと比べると異質すぎるため、イランでは当初うろことして認識されなかったのだろう。

アジアでいちばん有名なサル、『西遊記』の悟空のモデルは？

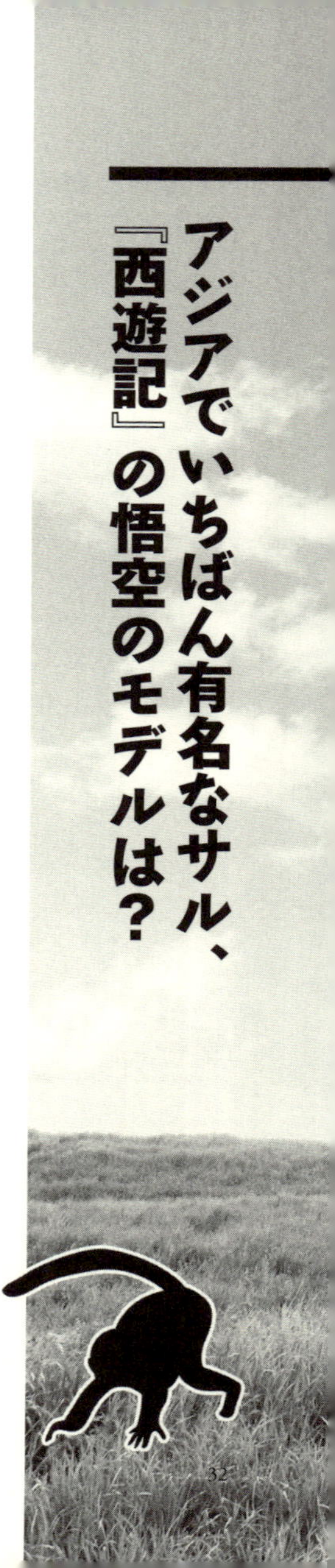

東洋でもっとも有名なサルのキャラクターといえば、『西遊記』に登場する孫悟空だろう。ときおり孫悟空のモデルと呼ばれたりするのが、中国の内陸に住むキンシコウ（ゴールデンモンキー）だ。金色がかった白のふさふさとした毛に覆われ、サルながらも風格があり、なるほど我々の知る孫悟空のイメージによく似ている。

一方、三蔵法師のモデルとなった玄奘《げんじょう》（６０２～６６４年）は実在の人物だ。26歳のとき唐から出国し、単独で数々の山や砂漠を越えて天竺《てんじく》（インド）に至る。そして、６５７部の仏教経典を手にして16年後に唐へ帰還。じつは、当時の唐は出国を制限していたので国禁を破っての旅だったが、帰国後にその罪は許されている。それほどまでに、玄奘が持ち帰った経典と、西域諸国の地理についての情報は貴重だったのだ。

それでは、史実で玄奘が旅の途中でキンシコウと出会うチャンスはあったのだろうか？

キンシコウの生息地は、現在の中国の甘粛《かんしゅく》省、湖北《こほく》省、四川《しせん》省、陝西《せんせい》省にあたる。これは

玄奘のたどったルート

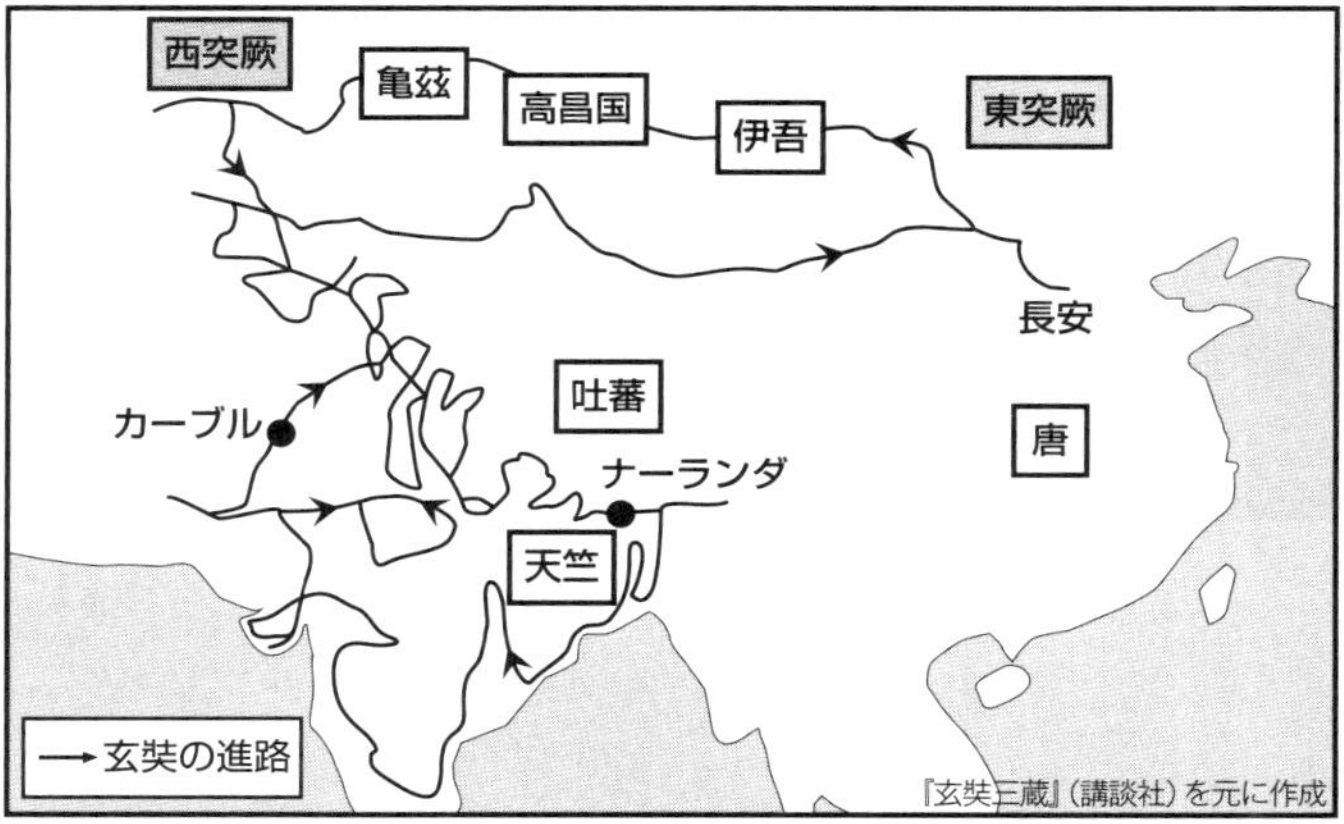

玄奘は、西へ進んでから南下し、天竺へとたどり着いた。

中国の中南部だ。

ところが、玄奘は天竺への往復に北方のモンゴルに近い天山山脈を越えるルートを利用した。残念ながら、玄奘とキンシコウが出会うことはなかったようだ。

ちなみに、唐代には玄奘より後の時代に、悟空（731～812年）という名の僧がいた。なお、出家前の名は車奉朝といい、玄奘と同じく天竺まで旅をしている。

玄奘とは異なり皇帝の派遣した正式な国使の随行員だったが、通ったルートは玄奘とほぼ同じく西域経由で、多くの仏典を持ち帰った。こうした業績から、後にこの悟空の名が孫悟空のネーミングの由来になったともいわれる。

●玄奘も出会ったかも知れない「神の使い」

もうひとつ、孫悟空のモデルではないかといわれるのが、ヒンドゥー教で信仰されているサルの神ハヌマーンだ。ヒンドゥー教の叙事詩『ラーマーヤナ』では、三蔵法師に付き従う孫悟空のように、主人公のラーマ王子を助ける役回りをする。

日本では稲荷神の使いがキツネであるように、インドではハヌマーンの使いとされるハヌマンラングールというサルがいる。これはキンシコウと同じくオナガザルの一種で、全身に真っ白な毛がふさふさと生え、代わりに顔の地肌が黒っぽいのが特徴だ。

ハヌマンラングール。

先にも触れたように、天竺への旅の途中で玄奘も悟空も、キンシコウではなくハヌマンラングールの姿を目にする機会はあったかも知れない。

タイでハヌマーンは仏教に取り入れられ、鎧を着た白いサルの姿で描かれることが多い。孫悟空とはずいぶんとイメージが異なるが、タイでは庶民に人気のある神様で、悪い怪獣と戦う特撮ヒーローになっている。

PART2

動物好きの偉人たち

歴史上のあの有名人は イヌ派、それともネコ派？

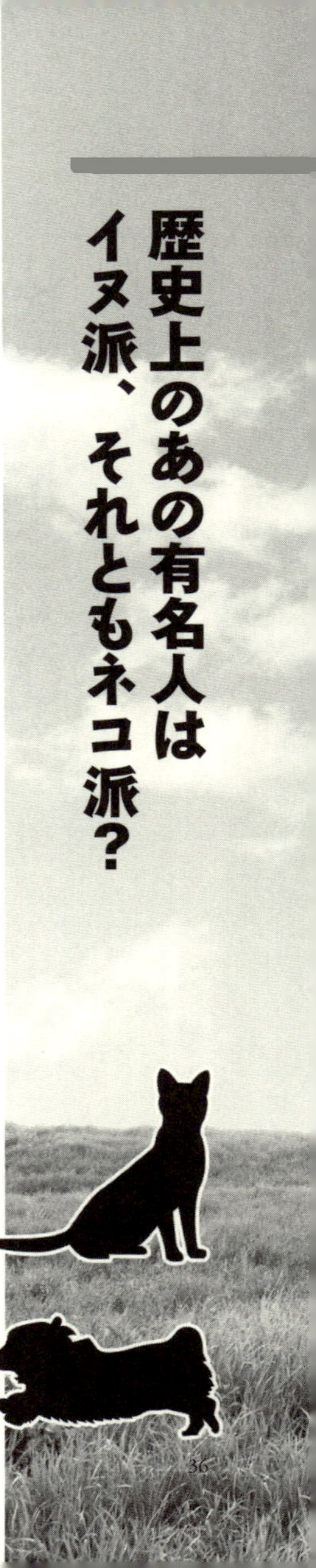

イヌを好きな人は「イヌは人になつき、従順で裏切らない」などとイヌの長所を挙げ、ネコを好きな人は「群れずに自由なところがいい」などとネコの魅力を語りたがる。ここでは、歴史上の著名人のなかから、熱狂的にイヌを愛する「イヌ派」と、ネコを愛する「ネコ派」を選りすぐって紹介しよう。

多くの国や地域を支配し、「大英帝国」と呼ばれた時代のイギリスの君主ヴィクトリア女王（1819～1901年）は熱烈な愛犬家だった。彼女は13歳のときに迎えた「ダッシュ」という名のオスのスパニエルを大切に育てた。ダッシュは肖像画に描かれたほか、側近の貴婦人たちが挑む刺繍の手習いの題材にもなったという。

ダッシュが亡くなった後、ヴィクトリア女王はその亡骸《なきがら》を火葬し、墓地に埋葬した。「もしそなたが生きて敬愛されし者ならば、死しても深く悼《いた》まれるであろう」と、まるで英雄の戦死に哀悼の意を捧げるかのような墓碑銘を墓に刻んだ。

ファラと過ごすローズベルト(左)と、
ローズベルトとファラの銅像（右)。

ナチスを率いたアドルフ・ヒトラー（1889〜1945年）も有名な愛犬家だ。「ブロンディ」と名づけたメスのシェパードを溺愛し、暇があると、一緒に遊んだり散歩をしたりして過ごしたという。ヒトラーの愛人エヴァ・ブラウンはブロンディへの嫉妬心から、ヒトラーのいないときにブロンディを蹴とばしたことがあるともいわれている。

そんなブロンディだったが、ヒトラーが自殺したベルリンの地下壕で、自殺に用いる青酸カリの効力を試す際に薬殺された。ヒトラーは愛犬を連合軍に捕獲されるくらいなら、いっそ自分の手で葬ってやろうと考えたのだろうか。翌日、みずから命を絶った。

アメリカの第32代大統領のフランクリン・ローズベルト（1882〜1945年）の飼い犬への溺愛ぶりは徹底していた。彼はオスのスコティッシュテリアの「ファラ」と一緒にホワイトハウスで暮らした。ローズベルトの朝食のトレーには毎朝、ファラ用の骨が載っており、夜は専用のディナーが用意された。また、就寝のとき、ファラはローズベルトのベッドの足元に置かれた特別な椅子で眠ったという。

ローズベルトは自分が出席する国家的行事にもファラを連れて出た。そのためファラは、大統領専用列車や専用飛行機、米軍の艦艇に同乗したというから驚きだ。ファラは、このようにローズベルトと親密な関係にあったため、ワシントンD.C.にあるフランクリン・D・ローズベルト記念公園に設けられたローズベルトの銅像の傍らには、まるでパートナーであるかのようにファラの銅像が建っている。

●コワモテ首相は遺言に飼いネコのことを記した!?

ネコ派のトップバッターは、アメリカの第16代大統領エイブラハム・リンカーン(1809~1865年)だ。「ネコのためなら道を譲った」といわれるほどの愛猫家《あいびょうか》だったが、それを物語るエピソードがある。

南北戦争中、戦地のテントを訪れたリンカーンは母ネコを亡くした3匹の子ネコを見つけると、「えさを与えて世話をするように」と兵士に指示したという。その後も毎日のように、子ネコの様子を現地に問い合わせたとされる。それほどネコ好きだっただけに、リンカーンはホワイトハウスではじめてネコを飼った大統領となった。

第二次世界大戦中にイギリス首相を務めたウィンストン・チャーチル(1874〜1965年)は、コワモテの顔からはとても想像できないが、可愛がっているネコの目ヤニをナプキンで拭いてやるほどの愛猫家だった。晩年には、オスのトラネコの「ジョック」を溺愛した。

ジョックが食卓にいないと不機嫌になり、食事をとらなかったという。ジョックはチャーチルの遺言にも登場する。自分が死んだ後もジョックが何不自由なく暮らせるよう、遺言に「ジョックを永遠にそこ(チャーチル邸)に住まわせること」と記したのだ。チャーチル邸は現在、歴史的建造物を保護するボランティア団体に管理されており、チャーチルの遺言に従い、何代目かのトラネコが飼われているらしい。このネコがジョックの子孫であるか否かは不明だ。

日本には、お姫様に愛玩されたネコがいる。江戸幕府の13代将軍である徳川家定の正室・天璋院篤姫《てんしょういんあつひめ》(1836〜1883年)が大奥で飼っていた「サト姫」である。

サト姫は篤姫の横で一緒に食事をした。そのえさ、いや料理は瀬戸物の器に盛られ、黒塗りの膳で出された。なお、サト姫の好物はカツオブシをかけたドジョウや魚だった。サト姫には3人の世話役がつき、食べ残しを世話役が食べたという。当然のことながら、〝姫〟のほうが世話役より贅沢な食事をしていたのである。

キャットフラップの生みの親は、あの天才科学者だった？

「ネコは自分でドアを開けたり、閉めたりできないので世話が焼ける」と感じている飼い主もいるだろう。

そんなネコのために、ドアや壁に設けるのが、ネコ専用の小さな扉「キャットフラップ」だ。しくみはいたって簡単である。ドアや壁の低い位置にネコが通れる大きさの穴を開け、そこにネコが押して出入りできる扉を取り付けるだけ。扉は磁石で自動的に閉まるようになっているタイプが一般的だ。これを設置しておけば、飼い主がドアを閉めておいても、ネコはいつでもキャットフラップから自由に出入りできるのである。

この画期的なしくみを発明したのが、科学史に大きな業績を残した、ある天才科学者だ。その偉人の名はアイザック・ニュートン（１６４２～１７２７年）。彼が、リンゴが木から落ちるのを見て、万有引力を発見したという逸話は有名だが、キャットフラップを発明したことは知られていない。

●稀代の天才は愛猫家の奇人？

ニュートンはイングランド生まれの物理学者、そして数学者、天文学者でもある。18世紀に「万有引力の法則」と、三つの「運動の法則」（慣性の法則、運動方程式、作用・反作用の法則）を体系的にまとめ、「ニュートン力学（古典力学）」を築きあげた。また、天体の運動の解明や「微積分法」の発明、光のスペクトル分析など著しい功績を残した。その輝かしい業績から「近代科学の父」とも「物理学の父」とも呼ばれている。

そんな稀代の天才は愛猫家だった。彼は研究所に住みついたネコにえさを与え可愛がったという。興味深いのは、ニュートンが生きた18世紀のイングランドでは、ネコをペットとして飼う習慣がなかったことだ。そんな時代にネコを飼っていた彼は、近所の住民から「野生動物を飼っている変わった人」と見られていたのかもしれない。

ニュートンはケンブリッジ大学の教授を務めながら、万有引力の法則や運動方程式を記した『自然哲学の数学的諸原理』を1687年に出版した。これをまとめるために約1年半の間、書斎にこもって執筆を続けたといわれている。

食事に無頓着だった彼は、書斎に運ばれた食事をよく食べ忘れたらしい。そして、その食べ忘れた食事をネコに与えたといわれている。

●「大は小を兼ねる」ことに気づかなかったニュートン

ニュートンが研究や執筆に挑むときの集中力は並外れていたらしい。それでも、飼っているネコが「外へ出たい」「中に入れてほしい」といった意味あいで頻繁に鳴くたびに、研究や執筆を中断せざるを得なかったという。

さすがのニュートンもそんなネコに手を焼いていたのだが、ある日、突然にひらめいたのだ。ネコが自力で自由に出入りできる扉をつくれば、この煩《わずら》わしさは解決すると。

彼が考案したキャットフラップは、切り取ったドアに鉄の板を磁石でとめ、ネコがその板を押せば、鉄の板が開く構造だった。扉の素材は変わっても、キャットフラップのしくみは今日に至るまで変わっていない。

おもしろいのは、ニュートンが当時飼っていた2匹のうち、母ネコ用に大きめの扉、子ネコ用に小さめの扉をしつらえたことだ。ネコに対する思いやりに感動する人がいるかもしれないが、このエピソードには、苦笑を誘う〝オチ〟がある。

せっかくふたつの扉を設けたのに、母ネコと子ネコのどちらもが大きい扉のほうから出入りする様子を見て、かの天才科学者は不思議がったというのだ。

しかし少し考えれば、それがまったく不思議ではないことがわかるだろう。母ネコは小

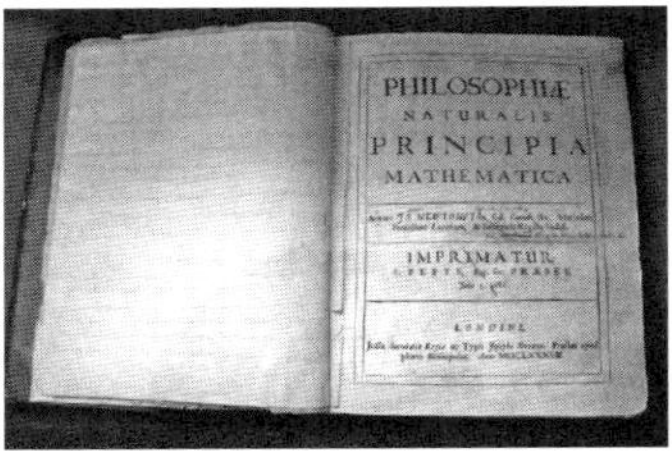

©Andrew Dunn 2004

ニュートンが著した『自然哲学の数学的諸原理』（左）と、現代のキャットフラップの例（右）。

さな扉から出入りすることはできない。当然のことながら大きな扉を使う。「せっかくだから、自分用の小さな扉を使おう」などと子ネコが考えるはずはない。哺乳類の習性からすれば、子ネコが母ネコを真似て大きめの扉を通るのはごく自然なこと。彼は動物の習性には無頓着だったのかもしれない。

日本には「大は小を兼ねる」という言葉がある。大きいものであれば、小さいものの用途にも使われるという意味で、日常生活の経験則にもなっている。

ニュートンは科学の発展に貢献する法則をたくさん発見したが、ネコの習性から「大は小を兼ねる」という経験則は発見できなかったようである。

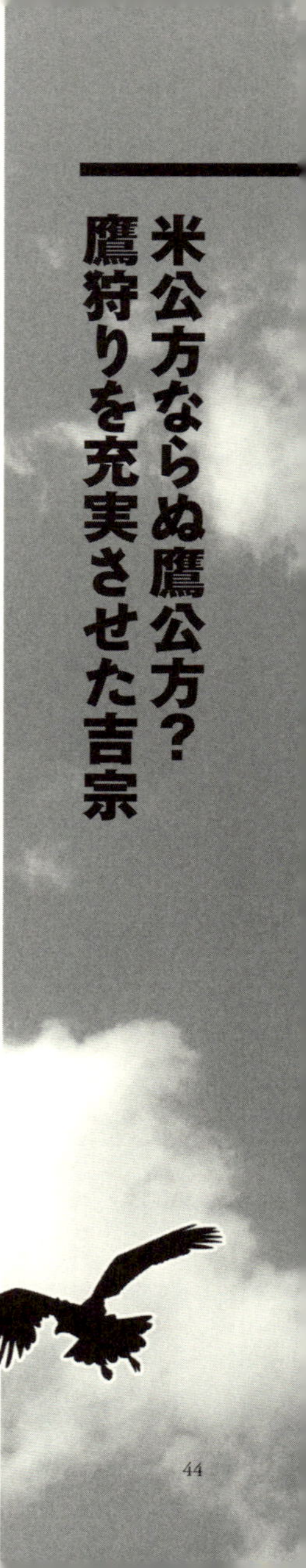

米公方ならぬ鷹公方？鷹狩りを充実させた吉宗

飼いならしたタカやイヌワシ、ハヤブサなどを使ってウサギやキツネ、鳥類などの野生動物を狩る「鷹狩り」は、紀元前３０００年ごろの中央アジアではじまり、ヨーロッパや中東、日本などへ伝わっていったと考えられている。日本では古代から、その時どきの権力者が娯楽として鷹狩りに興じてきた。

現在、生業や娯楽としての鷹狩りは残っていないが、日本鷹狩協会が放鷹《ほうよう》技術を生かした猛禽類の保護、実演会による鷹狩り技術の紹介などを行なっている。

鷹狩りを好んで行なった権力者のひとりが、徳川家康（１５４３〜１６１６年）だ。彼は娯楽に加え、健康維持や民情の視察も鷹狩りの目的だとした。鷹場（鷹狩をする場所）への移動がよい運動になり、その道中で領内の視察もできる、さらに多くの家来を従えて狩場へ行くことは戦の予行演習にもなると考えていたようだ。

３代将軍家光（１６０４〜１６５１年）は将軍専用の鷹場を整備し、江戸城から五里四方（約20キロの範囲）内にある鷹場を、狩猟を禁止する「御留場《おとめば》」に指定した。その目的は、鷹狩りの獲物となる鳥類や動物の生息数を減らさないようにするためだった。そのほかに、鷹狩りの準備をする専門の役職・鳥見《とりみ》を設けるなど鷹狩りに力を入れた。

ところが、5代将軍となった綱吉（1646～1709年）が「生類憐みの令」を発布する。それにより、鷹狩りは動物への殺生だとして廃止されてしまった。

吉宗の代で鷹狩りが復活

やがて綱吉が亡くなり、1709年に家宣《いえのぶ》（1662～1712年）が6代将軍に就くと、生類憐みの令は一部を残し順次廃止され、野生動物の狩猟と売買が可能になった。それでも、理由は不明だが、家宣の代で鷹狩りが復活することはなかった。

途絶えていた鷹狩りを復活させたのは、1716年に8代将軍に就いた吉宗（1684～1751年）だ。彼は将軍家の鷹狩りを充実させるために、さまざまな政策を実施した。まず、江戸城から十里四方（約40キロ）を御留場に指定する。それは、家宣が狩猟を解禁したことで、鷹狩りの獲物である鳥類やウサギなどの野生動物の乱獲が起こり、減ってしまっていた生息数を回復させるための対策だった。

次に、タカの飼育や鷹狩りを仕切る役職「鷹匠《たかじょう》」を設置し、幕府に専門の組織をつくった。

鷹匠は、江戸市中の2カ所にタカの飼育や訓練を行なう「鷹部屋」を設けた。また、生類憐みの令で廃止された、鷹場の管理や鷹狩りの準備を担当する鳥見も復活させた。

●鷹場の再整理と慣習の簡素化も実施

吉宗による鷹狩りをめぐる政策はまだ続く。吉宗は江戸城から五里（約20キロ）四方の距離にある鷹場を「御拳場《おこぶしば》」と命名し、新たに葛西、岩淵、戸田、中野、品川、六郷の6筋（地勢によって区別した行政区画）に分けた。江戸城に近い鷹場の再整理事業である。

御拳場の管轄を任命された鳥見は、御拳場で狩猟する者を厳しく取り締まり、獲物となる動物の生息数が増えるよう保護した。なかでも江戸湾に近い品川筋や六郷筋は、有力大名への贈答品として珍重されたツルが多く生息していたので、厳重に管理されたようだ。また、魚は鳥類のえさになるので、御拳場にある池や沼での漁業が禁止された。御拳場内に生息する野犬はタカの獲物となる動物を狙うので、鳥見が捕獲したという。

興味深いのは、鳥見が「野鳥の状況を観測する」と称して、大名屋敷や寺社の庭へ自由に出入りできたことだ。大名屋敷の庭でバードウォッチングに励む鳥見もいたかもしれないが、鳥見の本来の職務は大名の動向を探ることだったともいわれている。

このほか吉宗は、鷹狩りにまつわる慣習の簡素化にも挑んだ。幕府の財政が行き詰っていたために規模を縮小せざるを得なかった。

たとえば、将軍が鷹狩りで江戸市中を往来するとき、沿道の村役人や家主は羽織・袴を着用しなくてもよく、行列の邪魔になる沿道の看板を外す必要はないとされた。

加えて、宿泊を伴う鷹狩りをなくした代わりに、御拳場には、鷹狩り用の休憩施設が数多くつくられた。それらの施設には、将軍の権威を演出するため、さまざまな名前がつけられたという。たとえば、将軍が休息や昼食のため立ち寄る場所は「御小休所《ごしょうきゅうしょ》」や「御《お》腰掛《こしかけ》」と呼ばれた。

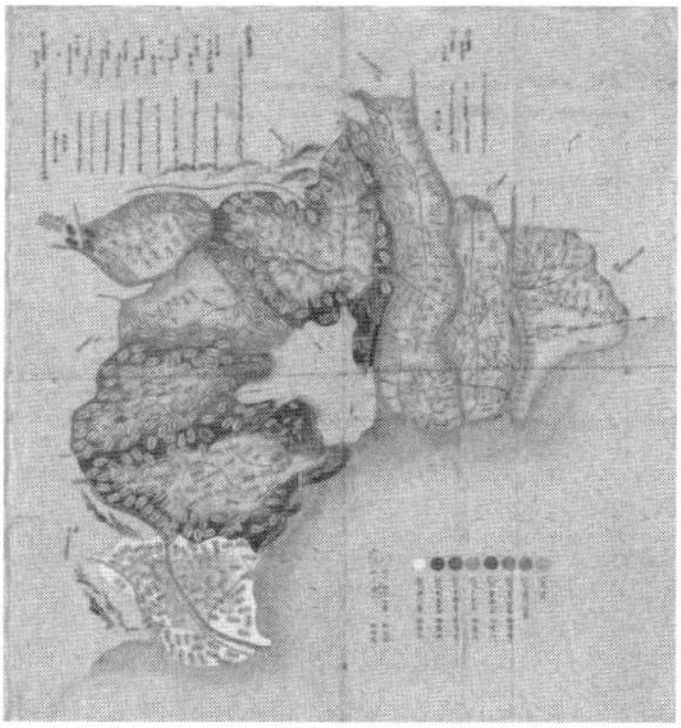

「御城より五里四方鷹場惣小絵図」。吉宗は、葛西、岩淵、戸田、中野、品川、六郷の６筋に分けて御拳場を管理した。（首都大学東京図書館所蔵）

ここまで吉宗が鷹狩りにこだわったのは、好きなのはもちろん、家康が愛し、将軍だけに許された「鷹狩りを利用して諸大名に将軍の権威を誇示したい。だが、幕府の財政が逼迫《ひっぱく》しているので、経費がかかるものは望ましくない」と考えたからではないだろうか。仮にそうだとすれば、鷹狩りの復活は倹約と増税のアイデアであり、「享保の改革」を進めた吉宗らしい政策といえよう。

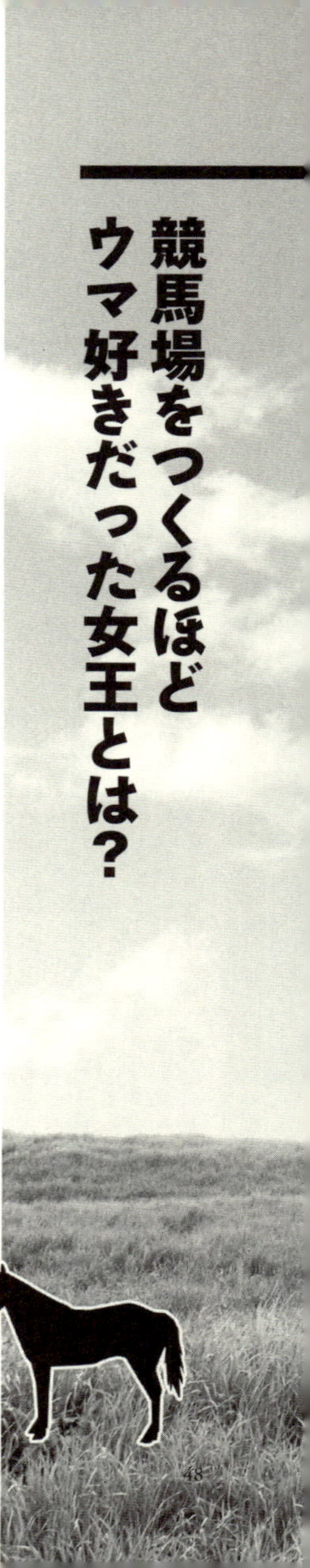

競馬場をつくるほどウマ好きだった女王とは？

日本が戦国時代に入り、合戦に大量のウマが使われていたころ、イギリスでは正式のルールに則って専用の競馬場で開かれる「近代競馬」がはじまっていた。

１５３９年に世界最初の競馬場として、チェスター地方に「チェスター競馬場」が建設された。これこそが近代競馬のはじまりで、現存する世界最古の競馬場だ。

イギリスで近代競馬が誕生し、現在に至るまでさかんな理由は、歴代の君主が競馬事業を支援してきたからだ。たとえば、チャールズ２世（１６３０～１６８５年）もそのひとりで、ニューマーケット（現在のサフォーク州ニューマーケット）を競馬事業の中心地として整備するよう家臣に指示した結果、そこに競馬場がつくられ、競走馬の生産もはじまった。ニューマーケットは現在、「世界最大の競馬町」と呼ばれている。

歴代の君主のなかには、ウマ好きが高じて競馬場をつくった女王もいる。アン女王（１６６５～１７１４年）だ。彼女は子どものころから乗馬が好きだったという。

●毎年開催される〝王室主催〟のレース

アン女王は1711年、居城としていたウィンザー城からほど近い場所に荒野を発見し、競馬場の建設を家臣に命じた。こうして開場されたのが、現在のイギリス王室所有の「アスコット競馬場」だ。同年8月に、最初のレース「女王陛下プレート」が行なわれた。

アスコット競馬場で行なわれるレースは「ロイヤル・ミーティング」と呼ばれ、1945年までは年に一度、4日間だけ開催されていた。それは大衆的な娯楽ではなく、王族・貴族など世界の有力者が自慢のウマを走らせて遊ぶ社交界のイベントだった。

それが発展したのが、毎年6月第3週に開催される王室主催のレースで、世界の競馬ファンが「ぜひ一度は観戦したい」とあこがれる「ロイヤルアスコット・ミーティング」だ。

開催時には、馬主でもあるエリザベス女王がウィンザー城から馬車に乗って競馬場までパレードすることでも知られている。王室主催の伝統的なレースということもあり、一般客が入場できる「シルバーリング」と呼ばれるエリアには、袖のないシャツの着用禁止、カメラ撮影禁止など、いくつかの規約（ドレスコード）が定められている。

なおイギリスでは、競馬は「スポーツ・オブ・キングス」と呼ばれている。「スポーツの王様」ではなく「王侯・貴族のスポーツ」という意味なので、お間違えのないように。

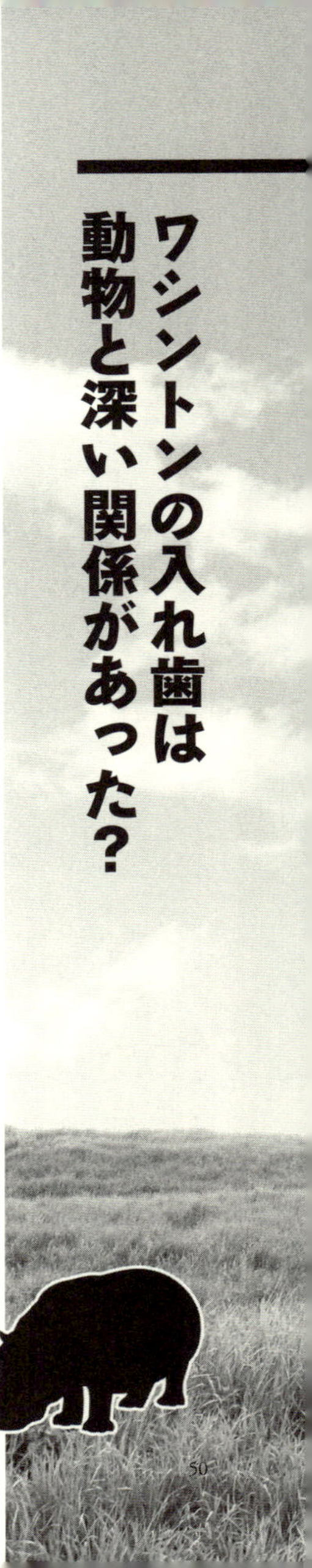

ワシントンの入れ歯は動物と深い関係があった？

アメリカ初代大統領ジョージ・ワシントン（1732〜1799年）は、イギリスからの独立戦争の際に総司令官として活躍し、その後、独立宣言と憲法成立に関わったことから「アメリカ合衆国建国の父」と呼ばれている。

そんなワシントンが所有した農園（プランテーション）や邸宅を保存する施設「マウントバーノン」（バージニア州）には、ワシントンに関するものを展示する博物館がある。そこにはワシントンが使っていた、5組の入れ歯が展示されている。当時の入れ歯は、動物の牙や人間の歯が使われており、当然ワシントンの入れ歯も動物の牙や歯でできていた。

ワシントンは、28歳で部分入れ歯にして以降、何度も入れ歯をつくり直していた。さらに、歯科医師ジョン・グリーンウッドに4回、総入れ歯をつくらせたという。当時の総入れ歯は上下の歯を金のバネ（スプリング）で結ぶ構造で、歯ぐきに押しつけることで固定していた。そうした構造の総入れ歯は油断すると口から飛び出してしまうため、しっかり噛んで口元を閉めておかなければならなかったようだ。

●肖像画の口元は入れ歯が原因？

最初の入れ歯は、上の義歯はシカの牙、下の義歯《ぎし》は自身の抜けた歯が埋め込まれたものだったという。3回目の入れ歯は、上の義歯は金の土台にカバの牙でつくった歯が金のネジで取り付けられ、下の義歯はカバの骨でつくられていた。最後につくらせた入れ歯のうち、上の義歯は象牙でできており、ネジで留められていたという。

また、カバやゾウの牙を削って用いた義歯のほか、人間やウマ、ロバなどの歯を混ぜ込んで完成したものもあったようだ。

ワシントンは、歯の障害に加え、口に合わない入れ歯のために日常的に痛みを覚えていたといわれている。歯の痛みで公務を休み、家にこもることもあったようである。晩年は怒りっぽくなり、人に会うのを嫌がったともいわれている。

さて、ここで、アメリカの1ドル札の肖像画をはじめ、ワシントンの大統領就任中に描かれた多くの肖像画に注目してみたい。入れ歯が飛び出さないよう、入れ歯をしっかりと噛みしめるような口元が見えてくるではないか。ワシントンは名前だけでなく、ぎゅっと結んだ口元の肖像画と昔の貴重な入れ歯も残した偉人なのである。

フロイトの愛犬が世界ではじめて行なったこととは？

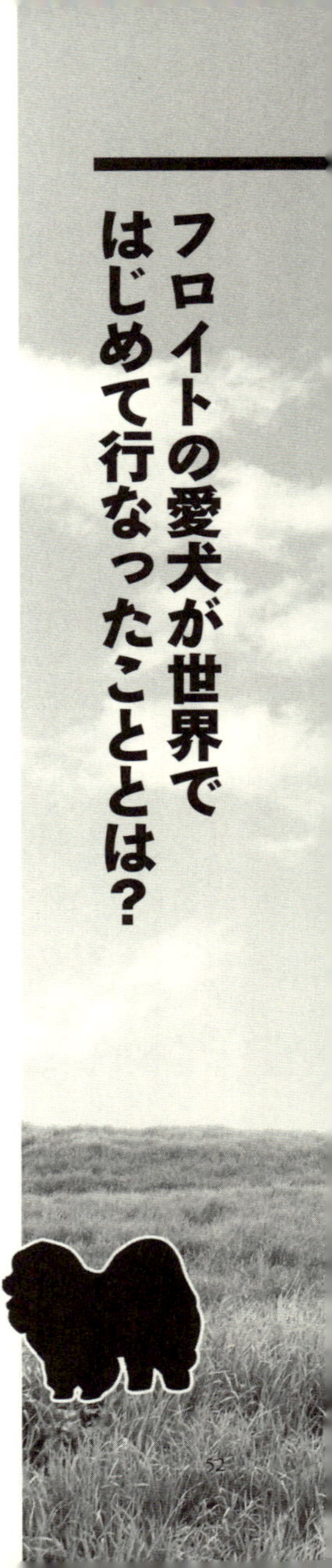

患者が動物と触れあうことで身体の痛みや精神的なストレスを軽減する療法を「アニマルセラピー」という。おもに、イヌやネコ、ウサギ、ウマ、イルカなど、人間と喜怒哀楽を共有できるとされる哺乳類が用いられてきた。一般的なのが、イヌを用いた「ドッグセラピー」だ。イヌを最初に精神の治療に役立てたのは、オーストリアの精神分析学者で精神科医のジークムント・フロイト（１８５６〜１９３９年）である。

フロイトが創始した精神分析学とは、人間の深層心理や無意識に着目した精神療法とその理論を指す。それは、複雑にできている人間心理の、ひとつの探究方法でもあったため、精神障害をあつかう医学分野の「精神医学」のみならず、心理学や哲学、文学、芸術など人文科学の領域にも大きな影響を与えてきた。

ウイーンで開業したフロイトは、心の病を患う人を自身の精神分析の手法で治療した。患者を長椅子に座らせ、頭に浮かんだことを話させるという治療法だ。

フロイトは70歳近くになってからチャウチャウのメス「ジョフィ」を飼いはじめ、とても可愛がった。１９３０年から７年間、ジョフィと寝食をともにし助手のようにあつかって、診察室にも連れていった。

●愛犬が患者を落ち着かせていることに気付いたフロイト

そんなあるとき、フロイトは愛犬の行動に気付いた。ジョフィは、患者が落ち着いているときは、手が届いてなでられる距離に座り、逆に不安そうなときは部屋の遠い位置に退いたという。その様子を見て、ジョフィがまるで患者の気持ちを察するかのような行動を取り、患者の心を落ち着かせていたことを発見したのだ。

それを機にフロイトは、患者にリラックスして話をしてもらうために、診察の際につねにジョフィを同席させるようになったという。フロイトは晩年、ガンにおかされ、ガン治療を受けながら、自分の患者の治療を続けた。ジョフィは疲労困憊《こんぱい》し、老いた精神科医の心をも落ち着かせていたのかもしれない。

ジョフィが１９３７年に死んだとき、フロイトは深く嘆き、「イヌのいない人生は考えられない」とつぶやいたといわれている。そのとき彼が失ったのは、大切な助手であり、痛みをやわらげてくれる、かけがえのない家族だったのかもしれない。

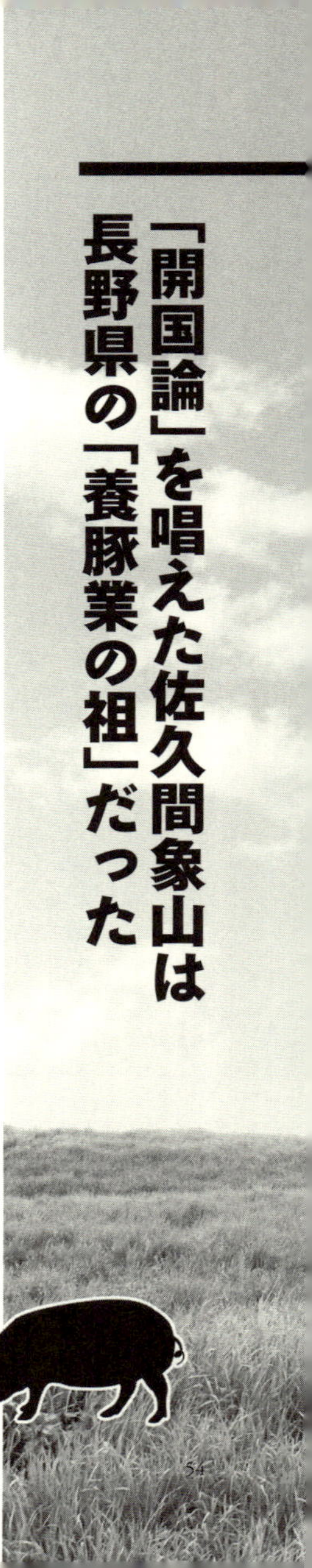

「開国論」を唱えた佐久間象山は長野県の「養豚業の祖」だった

幕末の兵学者で思想家の佐久間象山《さくましょうざん》（１８１１〜１８６４年）は、松代藩《まつしろはん》（現在の長野市）藩士でありながら洋学研究の第一人者でもあった。江戸で開いた私塾で、門弟の勝海舟、吉田松陰、坂本龍馬らに、砲術や兵学、蘭学などを教えた。「公武合体論」「開国論」を説き、松陰や龍馬に大きな影響を与えたことでも知られている。

松代藩主の真田幸貫《ゆきつら》に重用された象山は、海外情勢を知るために蘭学を学んだ。通常１年かかるオランダ語を２カ月でマスターし、洋書を通じて西洋の自然科学や武器などの知識を得ていった。殖産興業に貢献するため、象山は自身が学んだ大砲製造技術を土台にして大砲の鋳造に成功。また、電磁石や地震予知機などをつくりあげたほか、日本初の指示電信機による電信実験にも取り組んだという。それだけでなく、畜産業にまで取り組んだ、長野県の「養豚業の祖」でもあったというから驚きだ。

食用のイノシシを飼育する技術（猪養《いかい》）は、６００年代までに大陸から来た渡来人《とらいじん》が持ち込んだが、仏教伝来とともに肉食が忌み嫌われるようになり、長い間、獣肉が食べられることはなかった。しかし、町人文化が開花した文化・文政期、江戸の一部の料理屋で獣肉食がブームになった。

●自宅の庭で種ブタを飼育!?

肉食ブームを知った象山は、ブタ肉の生産を思いつく。もともと琉球王国（現在の沖縄県）や奄美《あまみ》地方では14世紀ごろから、食用の黒ブタ（アグー）を飼育していた。奄美地方を支配した薩摩藩の江戸邸では、1827年にブタを飼って肉を販売していた記録が残っている。象山は、薩摩藩での養豚を参考にしたのかもしれない。

象山は松代藩の藩政改革で要職にあったので、養豚を松代藩の産業として定着させることを考えた。まず、江戸から食用に転用できる数頭の種ブタを運び、自宅の庭で飼育した。そして農民に養豚をすすめたという。その後、養豚は長野県の各地で受け継がれていった。

以下はあくまで想像だが、開国論を唱えていた象山は「開国して、日本人に比べて身体の大きな西洋人と対等に付き合っていくには、日本人は立派な身体にならねばならぬ。そのために肉食が大事」と考えたようである。そうだとしたら、象山は松陰や勝海舟に「西洋を見よ、そしてブタを食べよ！」と教えていたのかもしれない。

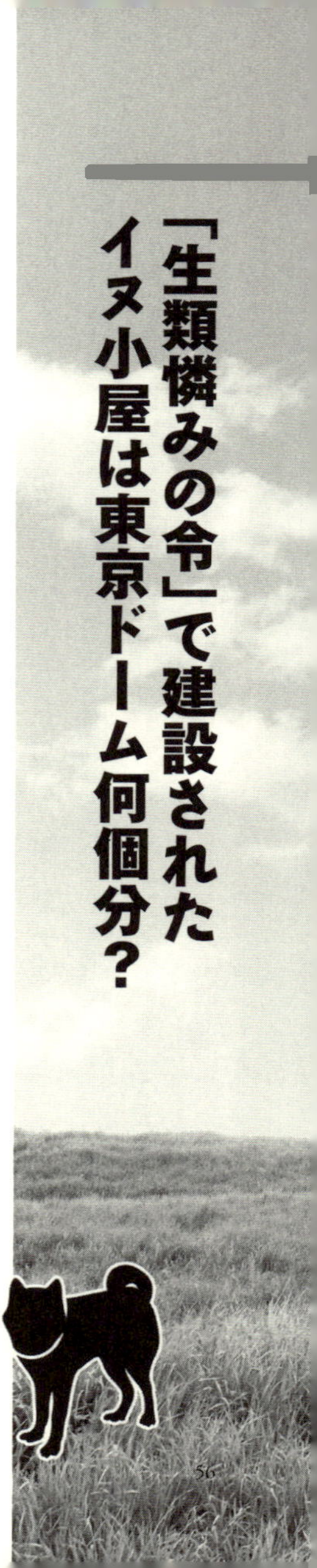

「生類憐みの令」で建設されたイヌ小屋は東京ドーム何個分？

江戸幕府の５代将軍徳川綱吉が発した「生類憐みの令」は、「天下の悪法」として名高い。現代に置き換えれば、「動物愛護」を国民に推奨する法令なのだが、それを民衆に強制し、違反者を処罰したことで庶民の反発を買ったのだ。

綱吉が生類憐みの令を発布した経緯には諸説ある。なかでも、ある僧侶が世継ぎのいない綱吉に「子どもを得たいと思うなら殺生を慎み、動物を大事にしなさい」と進言したことが動機になったという説が有力だ。自身が戌《いぬ》年生まれなので、綱吉は１００匹ものイヌを飼い、溺愛したといわれている。

イヌ以外に大事にされたのは、ウマやウシ、鳥類であり、病気のウマの遺棄、鳥類の巣がある木の伐採、魚やニワトリを食用として販売することなど、１００を超える禁止事項が定められた。また、イヌの虐待者を密告すれば、役人から賞金をもらえたという。ところが、綱吉が予想しない事態が起こった。法令に反発した江戸の民衆が飼いイヌを捨て、

市中に放したのだ。そのため、江戸の町には野犬があふれたという。

●最大のイヌ小屋の年間費用は約127億円!?

幕府は、四谷、大久保、中野、喜多見（現在の世田谷区）などにイヌ小屋を設け、野犬を収容した。なかでも最大規模だったのが中野のイヌ小屋だ。1695（元禄8）年に完成したときの広さは16万坪で、10万匹のイヌが収容されたという。16万坪といえば、東京ドーム（約1万4000坪）の約11個分の広さだ。この規模になればもはや「イヌ小屋」ではなく、巨大な「イヌ収容所」と呼んだほうが正確だろう。

このイヌ収容所は、その後も拡張工事が行なわれ、2年後には周辺の道も含めると、およそ29万坪の広さにもなっていた。これは東京ドームの約21個分の広さにあたる。

この施設の1年間の費用は9万8000両にのぼったという。1両は現在の価値で13万円ほどなので、約127億4000万円の費用がかかったことになる。しかも、費用はすべて江戸の町人から徴収されていた。このほか、江戸周辺の農村にも、イヌ収容所の普請や修復にお金が必要だとして、石高100石あたり1石の割合で課税した。

当時の江戸の町人は、イヌ収容所の資金を稼ぐためにあくせく働いていたということになる。こんな理不尽な法令は、やはり悪法と言わざるを得ないだろう。

いなくなったら王室が滅びる？ロンドン塔で飼われる鳥とは

イギリス・ロンドン中心部を流れるテムズ川の岸辺に立つ「ロンドン塔」は、１９８８年に世界遺産に登録され、人気の観光スポットになっている。もともとは中世に要塞として築かれた建造物で、正式名称は「女王陛下の宮殿にして要塞」だ。

イギリスを征服したウィリアム１世が11世紀後半、要塞として建造をはじめ、ヘンリー3世が完成させた。以降、17世紀半ばまでは国王が住む宮殿として使われた。

途中からは、造幣局や天文台、銀行、監獄、処刑場としても利用され、さらに、13世紀から19世紀半ばまでは王立動物園が存在したという。これほど多様に活用された建物は珍しいのではないだろうか。

この動物園がロンドン塔にできた経緯がユニークだ。13世紀ごろ、欧州の国王たちの間で珍しい動物を贈りあうことが流行ったという。そのため、宮殿であるロンドン塔には、ライオンやシロクマ、アフリカゾウ、ハイエナ、フクロウ、ヒョウなどが集まったという。

●ロンドン塔で飼われる唯一の鳥

19世紀初期、動物の数が増えたためロンドン塔での飼育ができなくなる。そこで動物たちはロンドン動物園へ移された。現在のロンドン塔に動物園の痕跡はない。

ただし、ワタリガラスだけはロンドン塔で大切に飼育されている。それには理由がある。17世紀半ばから終わりにかけて在位したチャールズ2世が在位のころ、占い師から「カラスが去るとイギリス王室が滅びる」という予言を受けたからだ。それ以降、一定数のカラスを飼うのがしきたりになったといわれている。なお、専門の飼育係が6～7羽のワタリガラスを大切に育てている。

「ロンドン塔のカラスは、もともとは処刑された者の肉を食べるために集まってきた」という逸話もあるが、それが真実だったのか、カラスだけに「ブラックジョーク」だったのかは定かではない。

ロンドン塔のカラスは、飛び去っていかないように羽が切られている。日本では「不吉な鳥」や、ゴミを漁る害鳥として嫌われているカラス。ところ変われば文化も変わる。カラスは、ケルト神話や北欧神話では「戦いの神」であり、ロンドン塔ではイギリス王室の繁栄のため、「永遠にそこにいてもらわなくては困る存在」なのである。

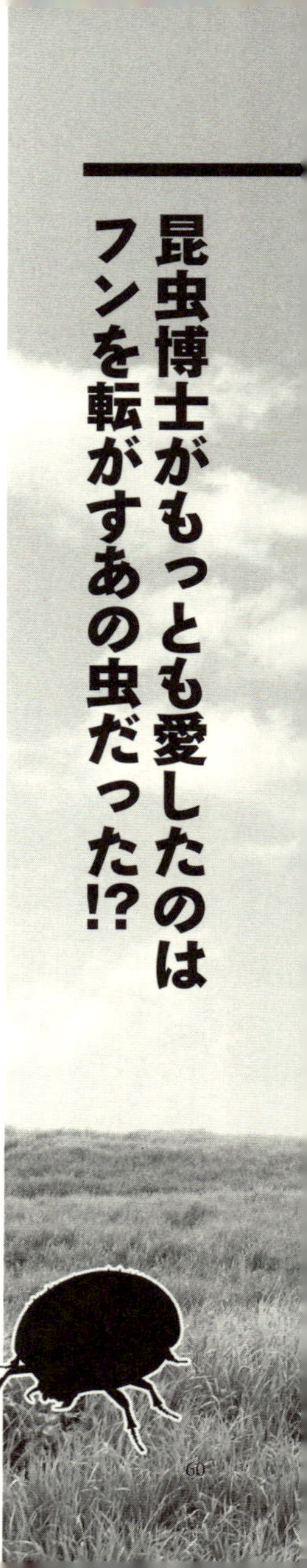

昆虫博士がもっとも愛したのは フンを転がすあの虫だった!?

昆虫の生態を記した『ファーブル昆虫記』の著者として知られる、フランスの博物学者ジャン・アンリ・ファーブル（１８２３～１９１５年）。彼は昆虫の行動研究の先駆者で、その活動はのちに「動物行動学」と呼ばれる学問へと発展した。

そんなファーブルが熱心に観察したのは、フンコロガシだった。コガネムシの仲間で、ウシやヒツジのフンを食料とする糞虫《ふんちゅう》である。ユニークなのは、なんといってもその行動だ。まず、頭の突起と脚を器用に使って、身体の倍以上の大きさの糞球《ふんきゅう》をつくる。球が完成すると尻を向け、逆立ちする。次に後脚で球をはさみ、前脚で地面を押して球を転がす。そのまま最適な場所まで運び、掘った穴にフンを貯め、食べたいときに食べる。

通常は１匹で球を運ぶが、地面のくぼみに球を落として立ち往生しているときなどに、どこからか相棒が現われて、協力して球を運びはじめる。この行動を知ったファーブル以前の昆虫研究家は、「糞虫は夫婦や仲間で協力して糞球を転がす」と説明していた。

ファーブルは「本当に仲良く協力しているのか？」と疑問を覚え、その生態を忍耐強く観察を続けた。そして、球を一緒に運んでくれた相棒がそのフンを横取りする様子を目の当たりにし、『昆虫記』には、「親切ごかしの仲間は、（中略）いいチャンスが来たら糞球を横取りしようと陰謀をめぐらしているのだ」と記した。

●ダーウィンの進化論に反論

『昆虫記』を発刊する前のファーブルは研究資金を得るために、師範学校と市民学校で教師をしていた。ところがあるとき、礼拝堂で市民向けに植物の受精の話をしたことを保守的な教育者や教会から不道徳だと非難され、教師を辞任。以降、本の執筆に専念した。

ファーブルは教師をしていたころ、同時代に活躍した自然科学者のダーウィンと親交があった。ダーウィンはファーブルの研究姿勢を高く評価した。一方、ファーブルはダーウィンの『進化論』に批判的だった。昆虫のユニークな行動はダーウィンが主張する自然淘汰で生まれたものではなく「神が与えた本能」なのではないか、と反論したのだ。

晩年にノーベル賞候補者（対象は文学賞）にもなったファーブルだが、中年期まで不遇の時代が続き、生活は貧しかった。だが、コツコツと地味に昆虫観察を続けたのは「真実を知りたい」という、ファーブルの本能だったのかもしれない。

ダーウィンが連れ帰ったカメは175年も生きた!?

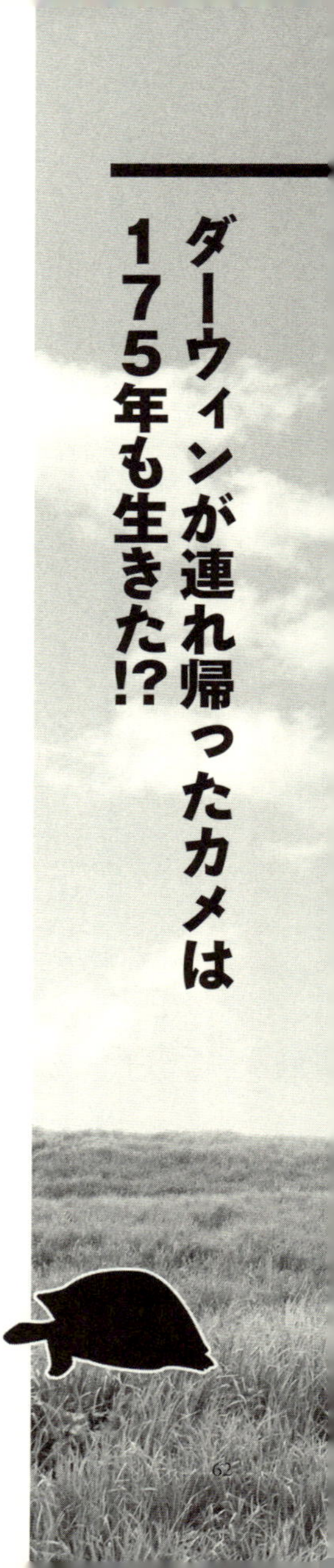

『種の起源』で知られるイギリスの自然科学者チャールズ・ダーウィン（1809〜1882年）は、近代から現代に至る世界科学史上もっとも重要な功績を残した科学者のひとりといえるだろう。

ダーウィンは、「生活環境に適した特徴をもった個体が、ほかの個体より多く生き延びることで種が変化する」という「自然選択（自然淘汰）説」を唱え、独自の進化論を説いた。彼の進化論は賛否両論を巻き起こしたが、多くの科学者が時間をかけて修正を加え、現代生物学の基本となっている。また、社会科学や宗教の分野にも大きな影響を与えた。

●数奇な一生を送ったゾウガメ

ダーウィンが「自然選択による進化」というアイデアを得たのは、ビーグル号での航海の途中、南アメリカ大陸から1000キロほど離れた太平洋に浮かぶガラパゴス諸島を、

1835年に訪れたときだとされている。そこで見つけたゾウガメは他の地域には生息していない固有種ばかりで、さらに島によって甲羅の形と模様が異なっていたのだ。

ダーウィンはガラパゴス諸島で3頭のゾウガメを捕獲し、イギリスへ持ち帰った。3頭のうちの1頭は「ハリエット」と名付け、オーストラリアへ向かう友人に贈った。ハリエットはその後、オーストラリアのブリスベンシー植物園で99年間飼育され、1988年にオーストラリア動物園へ移された。そして、2005年11月15日、動物園ではハリエットの175歳の誕生パーティが開かれたという。ハリエットは当時、「現存する世界最高齢の動物」としてギネスブックに認定されていたのだ。だが、残念ながら、翌年6月、心臓発作により死亡した。ゾウガメとしては数奇な生涯だったといえよう。

2005年に175歳を迎えたということは、ハリエットの誕生年は1830年。フランスで「七月革命」、ベルギーで「独立革命」が起こった年だ。この年に生まれた著名な日本人には、大久保利通と吉田松陰がいる。江戸時代生まれの彼らが2005年まで生きていたとすれば、その寿命の長さが想像できるだろう。

一方、ハリエットはダーウィンがガラパゴス諸島から連れ帰ったゾウガメとは別の種だとする説がある。もしそれが真実だとすれば、ハリエットは、いつだれがどこから連れてきたのか？　ダーウィンは大きな業績とともに、小さな謎も残したようだ。

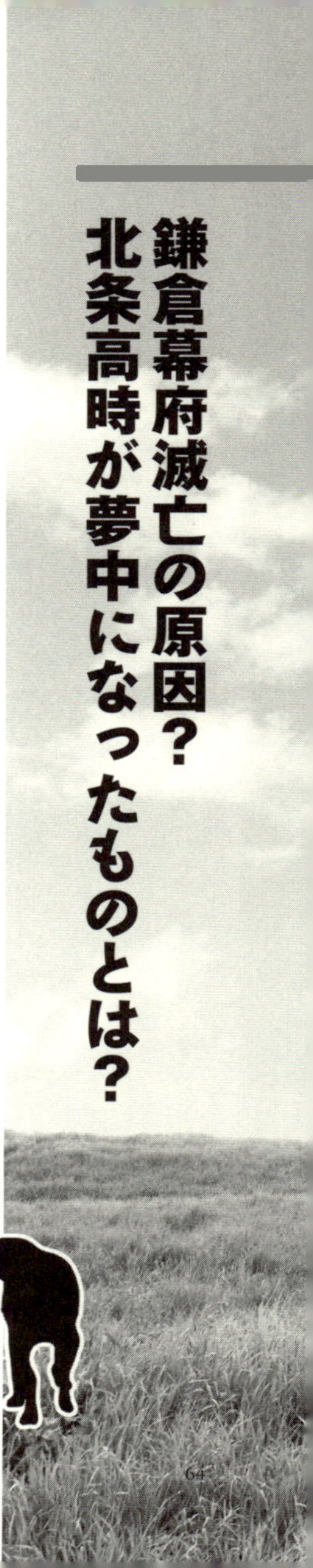

鎌倉幕府滅亡の原因？ 北条高時が夢中になったものとは？

　鎌倉幕府の終焉は壮絶だった。後醍醐天皇の命に応じて挙兵した新田義貞軍が１３３３年、鎌倉へ侵攻し、町は火の海となる。追い詰められた北条高時《たかとき》（１３０４〜１３３３年）はじめ、北条一族と家臣らは菩提寺で自害し、幕府は滅びた。

　鎌倉幕府では、北条時政以降、北条得宗家《とくそうけ》（当主）が代々執権に就き、権力者として君臨した。ところが、９代執権である北条貞時のころになると、政治は執権の側近の武士や北条分家による合議制に移行。その後、貞時の三男である高時が14歳で14代執権となったが、まだ幼かったこともあり、政治は北条家に仕える有力武士に任せきりだった。

　成長しても高時は執権の職務に励むことはなく、田楽《でんがく》や闘犬に明け暮れていた。彼は要するに闘犬好きの「バカ殿」だったのだ。病気を理由に24歳で執権職を辞して出家して以降、さらに闘犬に夢中になったといわれている。

　その情熱はすさまじく、権力を使って強いイヌや珍しいイヌを諸国に探し求め、イヌを年貢として徴収したというから尋常ではない。高時はもともと病弱だったので、闘犬のような強さにあこがれ、闘犬にのめり込んでいったのかもしれない。

●鎌倉には5000匹もの闘犬が集まった!?

南北朝時代を描いた古典『太平記』には、高時に気に入られようと諸国の守護や御家人が闘犬を献上したことが記してある。そのため、鎌倉には4000~5000匹もの闘犬がひしめいていたというから、鎌倉の庶民はあきれ返っていたことだろう。

これが、鎌倉幕府の支配体制が盤石で、天下泰平の世の中だったのならまだしも、高時が生きたのは鎌倉幕府の弱体化が加速したころ。それでも高時は、関係ないとばかりに、少なくとも3日に一度は闘犬に興じてというから、もはや〝闘犬病〟、いや〝闘犬依存症〟とでもいおうか。

そんな状態だから、後醍醐天皇のみならず、北条家に仕える武士までも北条家に不満を抱くのは当然。後世の書物のなかには、「北条高時の闘犬好きが鎌倉幕府を滅ぼした」と高時に全責任を背負わせ、そのバカ殿ぶりを皮肉って記しているものもある。大筋は間違ってはいない。鎌倉幕府の滅亡とは、かつては従順で飼いイヌのようだった武士たちが北条一族に不満を爆発させて牙をむいた……、そういうことだったのではないか。

「トラ狩りの殿様」と呼ばれたのは元尾張藩主だった？

日本人でトラ狩りを経験した人物として、まず思い浮かぶのは、朝鮮出兵の際にトラを退治したという伝説が残る加藤清正だろう。清正は豪快な武将だったようなので、いかにもトラを退治しそうだが、後世の「つくり話」だという説もある。

それでは、海外でトラ狩りを経験した日本人の実話を紹介しよう。しかも、その日本人は〝殿様〟だったというではないか。徳川御三家のひとつ、尾張徳川家19代当主にして、政治家、植物学者でもあった徳川義親《よしちか》（1886〜1976年）だ。

1886（明治19）年、元越前藩主である松平春嶽の五男として生まれた義親は、22歳のときに尾張徳川家の養子になる。その後、尾張徳川家の長女と結婚。養父の死去により、同家19代当主となり、貴族院侯爵議員に就任した。

尾張徳川家といえば、御三家の筆頭格。時代はすでに明治になっていたが、ほんの50年前なら、庶民がそのご尊顔を拝することのできない、正真正銘の殿様である。

●クマ狩りの殿様が、トラ狩りにおもむく？

義親には尾張徳川家が築いた豊かな財力があり、本人も冒険好きな人物だったので、頻繁に北海道に出向いてクマ狩りを行なっていた。25年間に12頭のヒグマを鉄砲で仕留めたというから、義親の鉄砲の腕は確かだったのだろう。尾張徳川家19代当主という話題性もあり、義親は「クマ狩りの殿様」として新聞記事に取り上げられた。

そんな義親は1920年、じんましんの療養のため、シンガポールへ向かった。そのとき、『朝日新聞』がおもしろがって「徳川義親侯爵、シンガポールへトラ狩りに」と記事に書き、その記事を英字紙が転載した。シンガポールでそれを読んだジョホール王国（現在のマレーシア）の国王が「一緒にトラ狩り、ゾウ狩りをしよう」と意気込んで義親を待ち構えていたというから、殿様の冒険物語は予想がつかない。

こうしてマレー半島で、本当にトラ狩りに挑むことになった義親は、現地でトラに襲われそうになったが、夢中で撃った鉄砲の弾がトラのアゴに当たり、見事、トラを仕留めた。この話が日本で広まり、やがて「トラ狩りの殿様」と呼ばれるようになったという。

その後、「トラ狩り」は髪型の「トラ刈り」を連想させるという理由から、日本理髪業組合の会長を引き受けたというから、シャレのわかる殿様だったようだ。

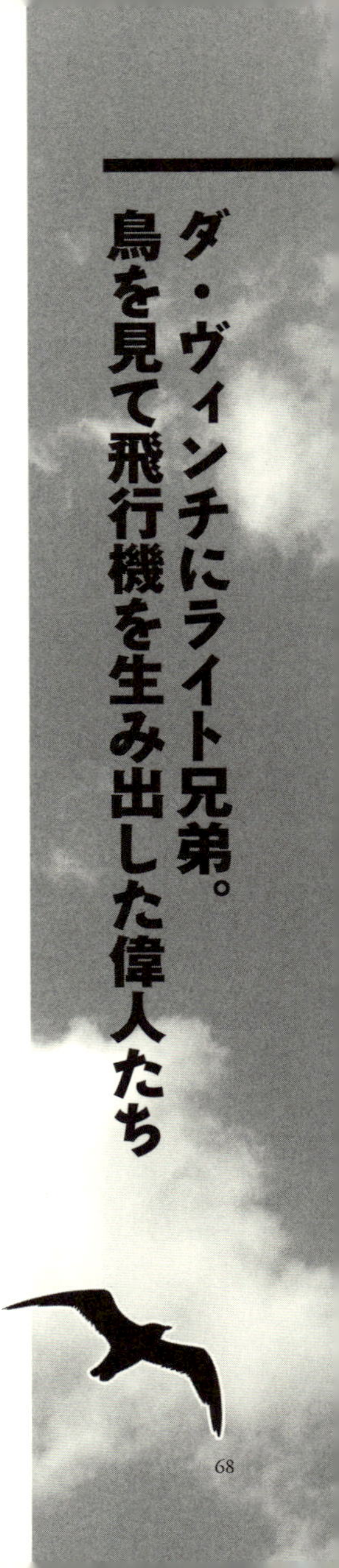

ダ・ヴィンチにライト兄弟。鳥を見て飛行機を生み出した偉人たち

人間は古代から、「鳥のように自由に空を飛びたい」と夢みていた。その夢を実現しようと考え、人類で最初に鳥の飛翔を研究したのは、イタリア・ルネッサンス期の芸術家にして「万能人」のレオナルド・ダ・ヴィンチ（１４５２〜１５１９年）だ。ダ・ヴィンチが１５０５年ごろに書いたとされる『鳥の飛翔に関する手稿』には、鳥の飛翔のしくみや気流についての考察などが記されている。また、ほかのノートには、「羽ばたき垂直飛行機」のほか、現代のヘリコプターの原型となる「飛行器具」のスケッチも残されている。

動力飛行機の原型を最初に考案したのは、イギリスの物理学者で「航空学の父」と呼ばれるジョージ・ケイリー（１７７３〜１８５７年）だ。彼は鳥の観察から空中飛行のために必要なふたつの力を特定し、固定翼機を考案した。その力とは、流体中を進行する物体が水平方向と垂直方向に受ける「揚力」と、物体をその運動方向へ押しやる「推力」だ。

ケイリーは自身が考えた理論に基づき、手作りグライダーを設計・製作した。そして

1849年、3つの翼をもつグライダーに10歳の少年を乗せて数メートルの滑空に成功。1853年には、操縦士が乗った単葉機（主翼がひとつの機体）グライダーが153メートルの飛行に成功した。これが人類史上初の有人飛行だ。

●タカをヒントにしたライト兄弟

ドイツ人技師のオットー・リリエンタール（1848〜1896年）も、鳥の翼の構造を研究した。彼はいろんなタイプのグライダーを製造し、みずからが操縦して飛行実験を試みた。それらの研究成果を、1889年に出版した『航空技術の基礎としての鳥の飛行』にまとめた。墜落死するまでの6年間に計2000回もの飛行実験を重ねたという。

リリエンタールの著書を読んで大いに刺激を受け、墜落しない飛行機をつくろうとしたのが、アメリカのライト兄弟（ウィルバー：1867〜1912年、オービル：1871〜1948年）だった。彼らも先駆者同様、鳥を観察したという。

あるとき、タカが自在に進路を変える光景を見て、機体を旋回させる技術を着想。ついに動力飛行機を発明した。1903年、弟オービルの操縦する飛行機「ライトフライヤー号」が世界初の有人動力飛行に成功した。ライト兄弟は鳥にあこがれた偉人たちの思いをつないで、ようやく大地を飛び立ち、鳥のように飛行したのである。

昭和天皇が夢中になり、実際に口にした海洋生物とは？

昭和天皇（1901〜1989年）は幼少のころから昆虫や植物が好きで、昆虫を捕まえると標本にし、図鑑で名前を調べていた。12歳のときには、「将来は博物学者になりたい」と側近に話していたという。成長してからも生物への探求心は旺盛で、生物学はやがてライフワークとなった。とりわけ海洋生物の研究に情熱を注いだ。

戦後、公務がないときは、月曜、木曜の午後と土曜の1日を皇居内の生物学研究室で過ごした。葉山御用邸（神奈川県葉山町）で過ごすときは、御用邸付近の相模湾の浅瀬と沖合で多くの生物標本を集めた。葉山の磯辺は昭和天皇の研究フィールドだった。研究対象として夢中になった海洋生物はヒドロ虫類とウミウシだった。

ヒドロ虫は、サンゴやイソギンチャクと同じ腔腸《こうちょう》動物の一種で、磯や海底の岩に付着する生物だ。ウミウシは貝殻のない巻き貝の仲間で、浅い海の海底に生息している。名のごとくウシの角のような触覚をもつ。形や色は種類によってさまざま。なかには体内に毒を

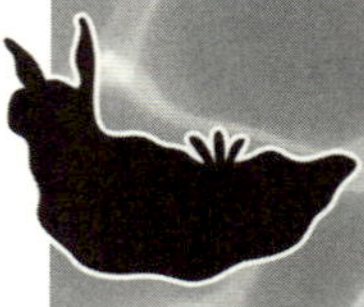

宿している種類もあるため、食用には適さないとされている。

●研究対象はおいしくなかった？

海洋生物学者としての知的探求心からか、昭和天皇はあるとき、ウミウシを食べてみたいと欲し、葉山御用邸で料理長にウミウシを調理させた。そして、甘辛く煮つけたウミウシを実際に口にしたという。

おそらくコリコリして噛み切れず、食べるのに苦心したことだろう。そのときの味の印象を、昭和天皇は後に「あまりおいしくなかった」と述べられたといわれている。

昭和天皇はヒドロ虫の分類に関する9冊の研究書を著した。また、生涯にヒドロ虫の新種を22種類、ウミウシの新種を68種類、カニの新種を27種類、ヒトデの新種を8種類発見している。新種に命名したことも何度かあった。たとえば、体は薄い青色で、触角と頭部の周縁がオレンジ色の「サメジマオトメウミウシ」がそうだ。

海洋生物学者としての昭和天皇の実績は、海外の研究家からも高く評価されている。その成果は、研究書と標本という形になって残されている。研究の一部は現在、新江ノ島水族館（神奈川県藤沢市）で公開中である。また、採取した動植物の標本は6万3000点に及び、それらは現在、「昭和記念筑波研究資料館」（茨城県つくば市）に所蔵されている。

偉人の名前にちなんで命名された動物がいる？

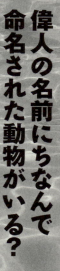

発見者による動物の命名（学名）は、動物命名国際審議会が定める「国際動物命名規約」に反しなければどんな名前でも構わない。本人の名前でもつけられる。

たとえば、北海道の川に棲む淡水魚のイトウの学名は「Hucho perryi（フコ ペリイイ）」だ。幕末に黒船で日本にやってきた米国のペリー提督が北海道へ上陸した際にイトウを発見し、学会へ報告したことから、この学名が登録されたといわれている。

動物の命名には、偉人など特定の人物の名前を織り込むこともできる。これを「献名《けんめい》」という。発見者は自分の尊敬する人物に敬意を表して新種に命名することがあるためで、その名に合わない動物が偉人の名前をもっている場合もある。

日本をはじめ東アジアの海岸地帯に分布するトウゴウヤブカもそのひとつ。動物の血を吸うヤブカの仲間で、人間やイヌに病気を発生させる寄生虫の「運び屋」として、東アジアでは忌み嫌われている。糸のように細長い糸状虫が人間やイヌに寄生して発生する「フィラリア症」の媒介となっているのだ。

トウゴウヤブカの名は、旧日本海軍の軍人・東郷平八郎にちなんでいる。東郷は日露戦争で日本海軍の連合艦隊司令長官として指揮をとり、ロシア艦隊に勝利した英雄。その日本海海戦（１９０５年）の年に発見されたことから、発見者はこの名をつけたようだ。

献名の例として有名なのが、インドネシアに生息するハゼの新属につけられた「アキヒト属」だ。この学名は、海外の研究者たちが明仁天皇に献名したものだった。

●近年の献名で大人気なのは、〝あの人〟

さて、最後は現代の話だ。２０１０年以降の献名で、もっとも多く名前が使われている偉人といえば、アメリカ前大統領バラク・オバマ氏だろう。２０１２年に発見されたトタテグモ新種に「バラク・オバマグモ」と名づけられたほか、寄生虫や魚、鳥などにも「オバマ」という名前が使われたというから、その人気ぶりがわかる。

２０１６年には、マレーシアでカメに寄生する新種の扁形《へんけい》動物が発見され、「バラクトレマ・オバマイ」と命名された。この寄生虫を発見した研究者は「尊敬する人物の名前をもらって命名した」というが、カメの寄生虫に自分の名前をつけられた当のオバマ氏は、果たして喜んだのだろうか、それとも迷惑だったのだろうか……。

偉人がまつられる神社に置かれる、ゆかりのある動物たち

神社と動物の結びつきは強い。日本人は神話の時代から、特定の動物は神の意志を伝える「神使《しんし》」だとする考え方をもっていた。そのため神社には、キツネやサル、ヘビなどさまざまな動物の石像や彫刻が置かれてきたのだ。

もともとそういう文化があったので、偉人がまつられる神社に、その偉人とゆかりのある動物の石像があったとしても不思議ではない。

平安時代の政治家の菅原道真（８４５～９０３年）は、優れた学者でもあったことから「学問の神様」として親しまれている。朝廷で重職を任され、「ナンバー２」の職位である右大臣にまで昇進した。だが、スピード出世を快く思わない左大臣の藤原時平の策略で無実の罪を着せられ、大宰府政庁へ左遷。その後、現地で亡くなった。

その道真を「天神さま」と神格化して崇める天満宮と天神社では、ウシを「神の使い」としている。とりわけ有名なのが、全国１万２０００社の天満宮、天神社の総本宮である

北野天満宮（京都府京都市）と大宰府天満宮（福岡県太宰府市）だ。

北野天満宮の境内にはウシの彫刻や、臥せたウシの像「臥牛像《がぎゅうぞう》」があり、臥牛像をなでると病気が治るといわれている。では、どうしてウシは道真の神使となったのか？

太宰府天満宮の御神牛。

北野天満宮は、次のふたつのことに由来していると説明している。ひとつは道真が丑《うし》年生まれだったことと、もうひとつは大宰府で死んだ後のこんな逸話だ。

「人にひかせずウシの行くところにとどめよ」という遺言に従い、家臣が道真の遺骸を牛車で運んだ。その途中、車を引っ張るウシが座り込んで動かなくなり、やむなく付近の安楽寺に埋葬したという。

北野天満宮に所蔵されている国宝「北野天神縁起絵巻」の序文には、安楽寺の門前で休む茶色と黒色のウシ、絵巻物の巻五には、道真の遺骸を運ぶ茶色と白色のまだら模様のウシが描かれている。このようにウシは最後まで道真に侍従していたことから、後世に「神の使い」と称されるようになったようだ。

ちなみに、臥牛像をなでると病気が治るという「撫牛《なでうし》信仰」は、江戸時代に広く普及した。当時描かれた錦絵には、仕事柄病気にかかることがあった吉原の遊女が座布団に撫牛をのせている様子が描かれている。

なお、東京にも撫牛信仰が根づいた神社がある。その名もズバリ「牛嶋神社」（墨田区）だ。ただし、こちらは菅原道真とはまったく関係のない神社なので、あしからず。

●家康と深い関係にある動物はトラだけ？

死後に神として崇められるようになった日本人のうち、もっとも豪華絢爛な社殿にまつられているのは、江戸幕府を開いた徳川家康だ。彼は遺言に「日光山に小さな堂を建てて神としてまつるように」と記していたので、その願いが叶ったといえよう。

家康を東照大権現《だいごんげん》としてまつる日光東照宮（栃木県日光市）には、サルやウサギ、ゾウ、ウシ、ネコ、ヒョウなど、さまざまな動物の木彫像がある。なかには、想像上の動物である龍や貘《ばく》もあり、非常にバラエティーに富んでいる。東照大権現となった家康は、まるでこれら多くの動物に守られているかのようだ。

動物の木彫像のうち、もっともよく知られているのは、「見ざる・言わざる・聞かざる」で有名な「三猿」の彫刻と、うたた寝する「眠り猫」の彫刻だろう。

では、サルとネコは家康と何らかの関係がある動物なのかといえば、じつはそうではない。彫刻に描かれたサルは人間の平和な一生のあり方を表現している。つまり、サルは擬人化しやすい動物として選ばれたのだろう。ネコはうたた寝できるほどの平和を象徴する動物として起用されたようだ。

ほかの動物も、日本の伝承にあるものや、縁起がいいとされるものばかりだ。ただし意外にも、道真のように、後に家康の「神の使い」と考えられるようになった動物は見当たらない。

しいていえば、日光東照宮の社殿で見ることのできる動物のうち、家康と関係が深いのはトラだ。丑年だった道真の場合と同様、家康が寅年生まれであることにちなみ、トラの彫刻が境内の各所で見られる。

なお、東照宮の陽明門の手前の石柵の裏には、「飛び越えの獅子」と呼ばれる石像がある。獅子はライオンとよく似ているが、じつは高麗（朝鮮半島を統一した国家）から伝来した想像上の動物。獅子は、社寺の門前に置かれる狛犬とともに魔除けとして用いられた。ただし、東照宮の獅子は魔除けではなく、石の柵を支える役目を担っているだけだそうだ。

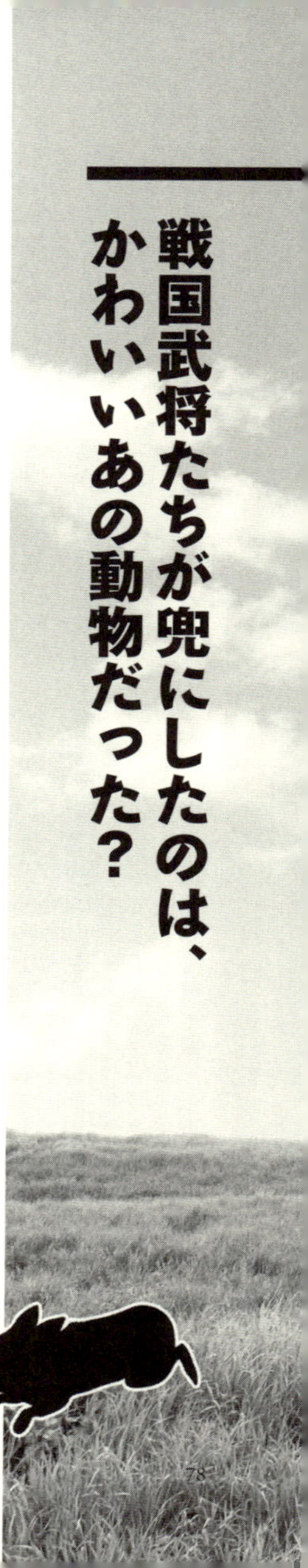

戦国武将たちが兜にしたのは、かわいいあの動物だった？

戦国時代に武将の間であるものが流行った。斬新なデザインを取り入れた甲冑「当世具足」だ。当世とは「現代」という意味なので、最新の甲冑を身につける潮流、いわば「鎧・兜のニューウェーブ」が起こったのである。

そのブームには、いくつかの理由があった。まず、武器の進歩や戦術の変化に伴って合戦の規模が拡大したため、敵味方をよりはっきりと識別する必要性が生まれたからだ。次に、海外諸国との貿易により欧州の甲冑「南蛮兜」が手に入るようになり、それらを改造したり、模したりできるようになったことも要因として挙げられる。つまり、西洋甲冑の影響だ。

そして、なんといっても、当世用具を身につけて自己顕示欲を満たしたいという戦国大名のニーズに応えられるほど、工芸技術が向上したことが大きい。それにより、オーダーメイドが可能になったのだ。

当世用具のうち、装飾性が強く個性的な兜は「変わり兜」と呼ばれた。その武士の気質を表わした奇抜なデザインのものが多く、武将はそれを競うかのように、奇想天外な兜をしつらえた。有名なのが、上杉景勝の家臣・直江兼続《かねつぐ》（1560～1620年）の「愛」の字をかたどった前立《まえだて》をつけた兜だ。漢字を使うとは斬新である。

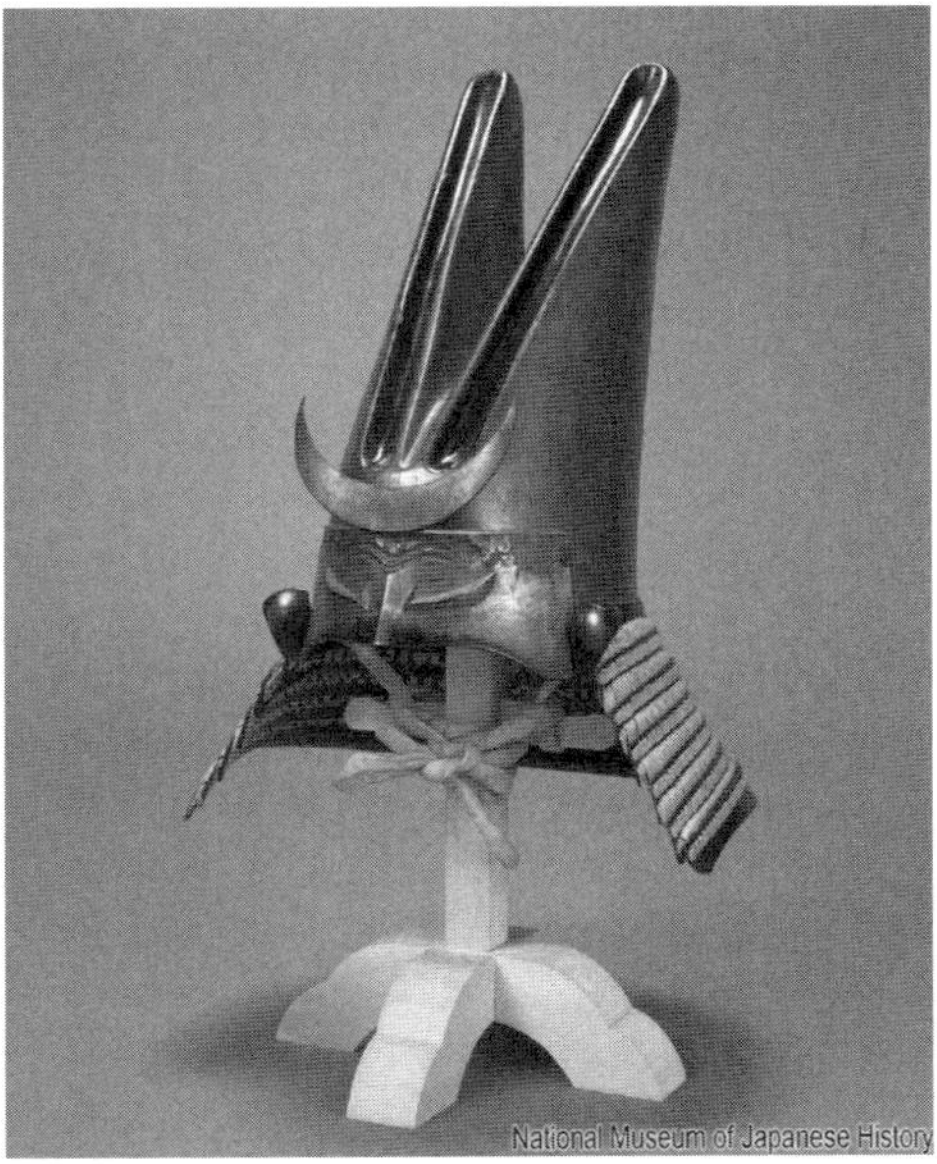

上杉謙信の銀箔押張懸兎耳形兜。
（国立歴史民俗博物館所蔵）

動物をモチーフにした兜もあった。シカの角を取り付けたような兜は、自身の雄々しさや力強さを印象づける効果を狙ったのだろう。

その一方で、意外な動物も兜のモチーフになっている。そのひとつがウサギだ。ウサギをモチーフにした兜を好んだ武将は意外に多く、耳のデザインに工夫をほどこした兜がいくつも残っている。

武将がウサギをモチーフにした理由には、動きが俊敏なウサギにあやかりたいという思いがあったのかもしれない。また、月を神と崇め、ウサギをその使者とする「月信仰」も影響しているようだ。

ウサギを兜のデザインに用いた武将のひとりが上杉謙信（1530〜1578年）だ。ウサギの耳が空に向かってピンと立ったデザインで、正面には三日月の装飾があしらってある。ウサギと月がセットになっていたようだ。耳がほぼ垂直に立っているので、耳ではなく長い角のようにも見えるが、全体的に洗練されたシャープなデザインである。

昆虫では、カマキリやチョウ、トンボなども兜のデザインになっている。トンボをモチーフにした兜のなかには、初期の「仮面ライダー」に見えるものもあり、その斬新さと大胆さには驚かされる。

海洋生物では、タコ、イセエビ、カニ、ホタテ貝、サザエをモチーフにした兜もある。まるで寿司のネタが兜になったかのようだが、これらの海洋生物はどんな意図があって選ばれたのか、とても気になるところだ。

それにしても、戦場に出向く兜に、ホタテ貝やサザエをあしらうとは……。その独創性には、もはや〝兜を脱ぐ〟しかない。

PART3

人間を恐怖させた生きもの

8500万人もの命を奪った感染症を媒介した動物は？

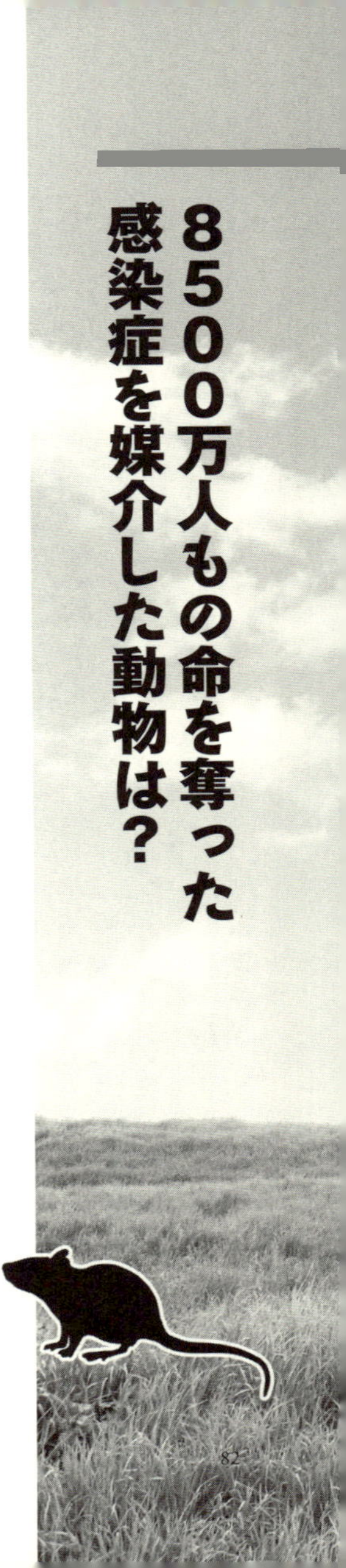

14世紀のヨーロッパでは、ペストがすさまじい勢いで流行した。第二次世界大戦にも匹敵するほどの被害をもたらし、ヨーロッパの封建社会を変えるきっかけにもなった。

ペストは、細菌のペスト菌によって発生する人間と動物の感染症だ。人間に先立ち、ペスト菌の中間宿主《ちゅうかんしゅくしゅ》であるネズミの大量死が起こる。一次感染は、ペストに感染したネズミの血を吸った昆虫のケオプスネズミノミに人間が血を吸われることで発病。次に、その感染者の咳や痰に含まれるペスト菌を吸い込むことで二次感染が起こり、感染者が増えるのだ。

ペスト菌を媒介するケオプスネズミノミはネズミや人間など哺乳類から吸血する。人間がペストに感染すると数日のうちに発熱し、体中に黒紫色の斑点や腫瘍ができる。致死率が高いことから、ヨーロッパでは「黒死病《こくしびょう》（Ｂｌａｃｋ　Ｄｅａｔｈ）」と呼ばれた。

ペストが猛威をふるった結果、ヨーロッパでは全人口の約3割から5割、全世界でおよ

14世紀ヨーロッパのペストの広がり

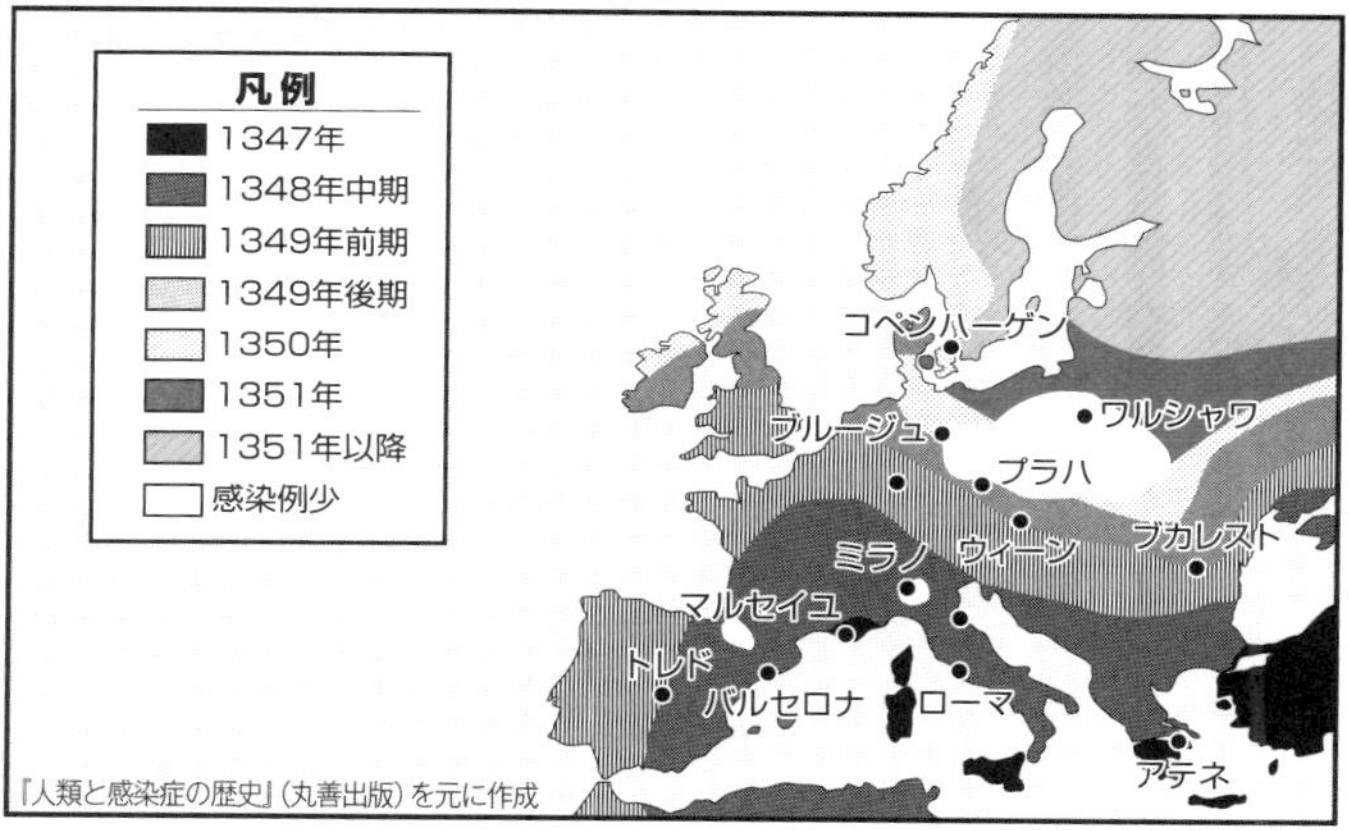

一部の地域を残して、ペストはヨーロッパ全土に拡大していった。

そ8500万人が命を落としたと考えられている。その数は現在のドイツの人口8218万人（外務省の2015年データより）に匹敵するではないか。

　また、第二次世界大戦における民間・軍人の総死者数は約4000〜8000万人と推計されているので、ペストによる人間への被害は世界大戦規模だったということだ。

　ペストは、まず1320年ごろにモンゴル帝国治下の中国で発生して大流行した。その後、ペスト菌は1347年、コンスタンティノープル（現在のトルコ・イスタンブール）からシチリア島の港に船で運ばれたケオプスネズミノミに寄生し、ヨーロッパへ上陸した。そのノミが港に生息するクマネズミから吸血し、ペスト菌がネズミに移った。次に、ペストに感染したネズミが船荷に紛れ、海路に沿ってイタリア全土、フランス、イングランドなど、ヨーロッパ各地の港へ移動したと推測される。

さらに、到着した港で放たれたネズミにケオプスネズミノミが吸血して感染。ペスト菌を宿したノミが人間に吸血し、ペストを感染させていったのだろう。

当時はモンゴル帝国の繁栄により東西交易がさかんになっており、ヨーロッパでは、各地に都市が勃興し、商業が拡大していた。そのためペストの流行は交易のさかんな地域からはじまり、じょじょに拡大していったのだ。

●ペストが社会制度を変えた?

ヨーロッパでのペストの大流行は1370年ごろまで続き、被害はロシアにまで及んだ。これほどまでに長期化し、範囲が拡大した最大の理由には、当時はまだペスト菌は発見されておらず、有効な治療法も薬もなかったことが挙げられる。

そもそも当時のヨーロッパの都市は、街角に汚物の山ができあがっているような不衛生な環境にあった。ローマといった温泉社交施設のある地域以外には、入浴の習慣もなかった。感染症の知識のない人々に衛生観念が生まれるわけもなく、ペストを媒介するネズミやノミが生活空間に同居していたのだろう。

ペストの流行は、ヨーロッパの社会に大きな影響を与えた。人口が激減して労働者が不足したので、領主は地代の軽減や土地の売買の許可など、農民の待遇を改善していくようになった。農奴解放が進められたのだ。

とくに当時、「百年戦争」（1337～1453年）で対立していたイングランドとフランスでは顕著だった。戦争で多大な損害が出たばかりでなく、ペストで国民の過半数が死んだこともあって領主が没落し、農民の解放と市民階級の勃興がはじまった。力をもっていた諸侯が没落したことで両国の王室は権力を増し、中央集権国家へと移っていく。

ヨーロッパにおけるペストはその後、17世紀から18世紀ごろまで何度か流行し、多くの犠牲者を出した。また、19世紀末には香港からアジア全域に広まった。この時期に中国とインドでは約1200万人が亡くなったという。

中国でペストが猛威をふるっていた1894年ごろ、細菌学者の北里柴三郎が香港への調査団の一員として派遣された。北里は死亡患者の血液からペスト菌を発見。さらに、ペスト患者の家にネズミの死骸が大量にあったことに着目した。北里は死にかけているネズミの血液を採取し、そこにペスト菌を発見したのだ。こうしてネズミがペストの中間宿主であることが判明し、ネズミの駆除による予防が進められたのであった。

イギリス軍を退散させたのは砲弾ではなくおそろしいあの虫だった？

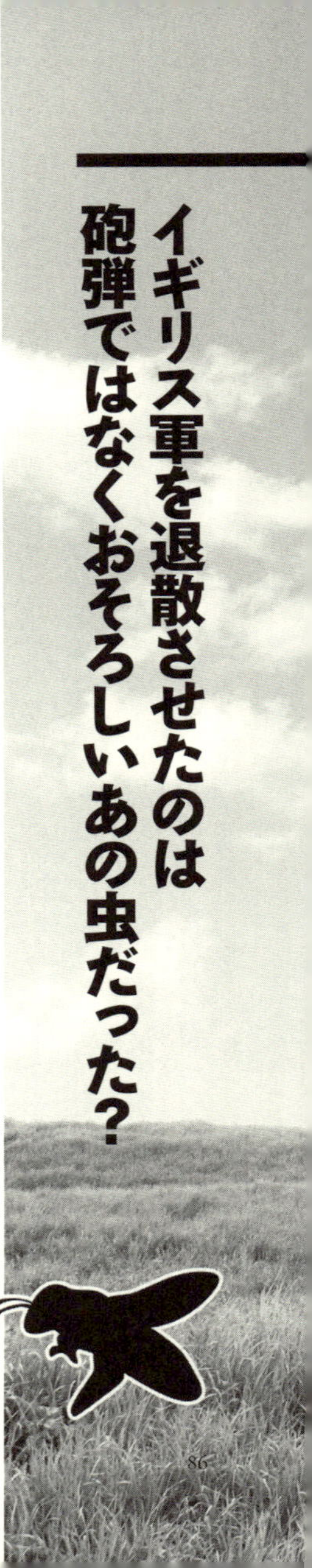

攻撃性の高いスズメバチや、社会性に富むミツバチは自分たちの巣を防衛するために、集団で人間を攻撃してくることがある。中国北西部では近年、人間がオオスズメバチに襲われ、42人が死亡したという。

しかし、その程度で驚いていてはいけない。かつてアフリカには、武装したイギリス軍兵士を襲って退散させたハチがいたのだ。いったい何が起こったというのか？

時代は第一次世界大戦中の１９１４年。場所はドイツ領東アフリカ（現在のタンザニア、ルワンダ、ブルンジ）の都市タンガだ。

エチオピアとリベリアを除くアフリカ全土は、第一次世界大戦前までにイギリスやフランス、ドイツなど西欧列強に分割支配されていた。なかでもいちばん大きな勢力をもっていたのは、アフリカ南部に巨大な植民地を獲得していたイギリスだ。一方、アフリカにさらに植民地を広げたいと考える新興工業国のドイツは、先に進出していたイギリスとフランスに敵対心を抱いていた。西欧地域だけでなく、アフリカでも「ドイツ対イギリス、フランス」という対立の構造が生まれていたのだ。

●ドイツ軍とイギリス軍がアフリカで交戦

こうしたなか、第一次世界大戦が勃発し、ドイツとイギリスは戦闘状態になった。その火の粉は、両国が植民地をもつアフリカにまで飛んだ。イギリスはドイツ領東アフリカのタンガへの上陸作戦を開始。当時植民地だったインドから8000人の部隊をタンガへ派遣した。これを迎え撃つドイツ軍はアスカリ（現地語で「兵士」の意味、アフリカの原住民部隊）を含む1100人。こうして「タンガの戦い」がはじまった。

兵力が8対1なので、普通に考えるなら、イギリス軍が一気にタンガを制圧しそうなものだが、実際にはそうならないのが、戦いのおもしろさでもある。

イギリス軍指揮官はアスカリの兵力を甘くみていたうえ、作戦ミスもあった。上陸地域を事前に偵察せずに上陸した結果、待ち伏せしていたドイツ軍の反撃を受けたのである。おまけにインド兵部隊は訓練を受けていない者の寄せ集めで、士気も低かった。

一方、迎え撃つドイツ軍には、ゲリラ戦に長けたタフな指揮官と、よく訓練されたアスカリがいた。ついでに攻撃的なハチも、だ。

ミツバチの種類

	ミツバチの名称	生息地域
コミツバチ亜属	コミツバチ	東南アジアから南西アジア
	クロコミツバチ	東南アジア
オオミツバチ亜属	オオミツバチ	南アジアから南アジア
	ヒマラヤミツバチ	ヒマラヤ地域
ミツバチ亜属	セイヨウミツバチ	ヨーロッパ、アフリカ
	トウヨウミツバチ	アジア全域
	サバミツバチ	マレー半島、カリマンタン島
	キナバルヤマミツバチ	カリマンタン島
	クロオビミツバチ	インドネシアのスラウェシ島

亜種　・アフリカミツバチ：アフリカ東部から南部に生息。防衛本能と生存能力が強い
　　　・アフリカナイズドミツバチ：セイヨウミツバチとアフリカミツバチの交雑種

タンガの戦いでは、セイヨウミツバチの亜種である、アフリカミツバチがイギリス軍を襲った。

●イギリス軍に襲いかかるハチ

タンガの戦いはジャングルでのゲリラ戦になった。これはドイツ軍司令官が描いたプランどおりだったのかもしれない。ただし、このとき、両軍にとって予想もしないことが起こった。射撃の爆音に刺激されたアフリカミツバチの大群がイギリス兵に襲いかかったのだ。ドイツ軍にとっては〝援軍〟が現われたということになる。

アフリカミツバチがどうしてドイツ兵でなくイギリス兵に襲いかかったのか、その理由は不明だ。敵だと判断される条件が偶然そろっていたのかもしれない。

パニックに陥ったイギリス兵は海岸ま

で逃げ、ハチはそれを追ったという。まるで目標を定めて自動追尾するロックオン機能を装備したミサイルのようなハチだ。

ハチに追われたイギリス兵は海中に逃げた。なかにはアナフィラキシーショック（じんましんや嘔吐などのアレルギー症状）で意識不明の重体に陥る者もいたという。これに加えて、インド兵が放った砲弾がイギリス軍部隊の上に落ちたというから、イギリス軍にとっては、まさに「泣きっ面にハチ」だ。最終的に、死者３６０人、負傷者４８７人を出したイギリス軍は、タンガに上陸して２日目に急いで退却した。

もともとミツバチには、巣を守ろうとする防衛本能が備わっている。さらにアフリカミツバチは、イタチ科のラーテルから身を守るため攻撃性が強く、集団で外敵を攻撃する性質がある。

ラーテルは雑食だが、こわいもの知らずで気性が荒い。ときにはミチバチの巣を襲ってハチミツを食べることもあるので、アフリカミツバチにとっては天敵。こういう天敵がつねに巣を狙っているため、アフリカミツバチはすぐれた防衛本能と生存能力を獲得していったようだ。

なお、セイヨウミツバチとの交雑種であるアフリカナイズドミツバチは、北米や南米では、「キラー・ビー（殺人ミツバチ）」と呼ばれ、おそれられている。

300万人が死んだマラリアを媒介した〝小さな猛獣〟

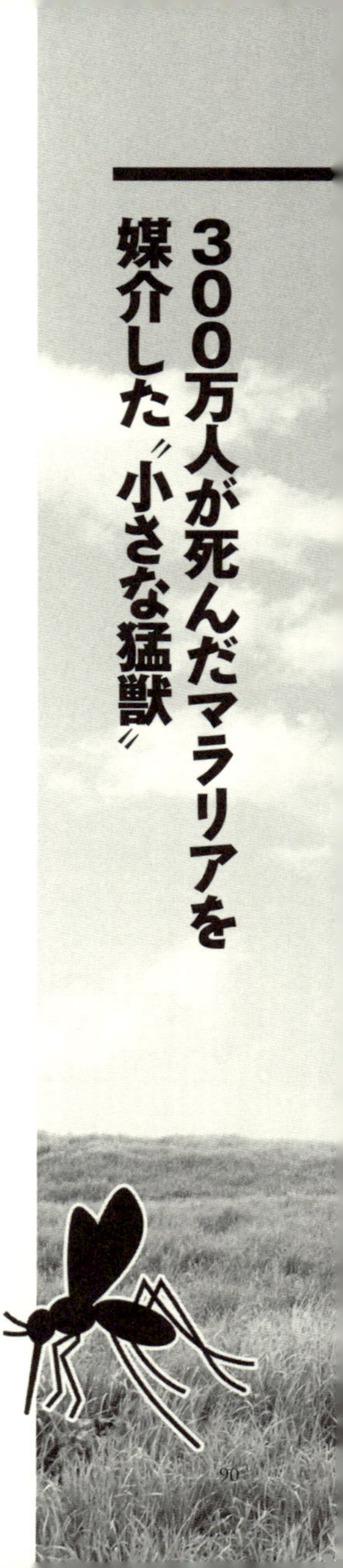

古代エジプトの王ツタンカーメン、紀元前4世紀のマケドニア王国のアレクサンドロス大王、平安時代末期の武将・平清盛、14世紀に活躍したイタリアの詩人ダンテ。これらの偉人には共通点がある。マラリアで命を落としたと考えられていることだ。たとえば、清盛は突然、高熱と頭痛を発し、数日後に死んだことから、マラリアが死因とする説が有力になっている。マラリアは、寄生虫の「マラリア原虫」が病原体となって発生する感染症。それを媒介するのが、人間の血を好んで栄養源とするハマダラカだ。おもな生息地は熱帯・亜熱帯地域だが、過去には北欧やカナダ、日本にも生息していた。

　感染経路はこうだ。まず、マラリア原虫を取り込んだメスのハマダラカが人間に吸血する。その際に蚊の唾液とともにマラリア原虫の種虫《しゅちゅう》（成体になる前の幼生）が体内に侵入し、やがて赤血球を破壊していく。その結果、40度を超える高熱や頭痛、悪寒などの症状が発生し、悪性の場合は死に至るのだ。一方で、感染していないハマダラカがマラリアに感染した人間の血を吸うと、マラリア原虫も一緒に吸われ、蚊自身には害を及ぼさないが、マラリアに感染する。その蚊がまた人間から吸血し、感染サイクルが生まれるのだ。

●1万年以上発症しているマラリア

マラリアの歴史は古く、そのはじまりは紀元前8000年から1万年ごろまでさかのぼる。トルコの古代遺跡からマラリアにかかったと思われる人骨が発見されている。

1900年には、マラリアにより、世界中で約300万人が死亡した。アメリカでは、1930年代までに毎年、約10万人が感染したという。まさに〝小さな猛獣〟だ。

その後、治療薬の開発や生活環境の向上により、多くの国で撲滅したが、いまだアフリカやアジア、中南米の熱帯・亜熱帯地域の70カ国以上で発症している。世界保健機構（WHO）が発表した「2016年版　世界マラリアレポート」によれば、2015年、世界のマラリア発症件数は2億1200万件、マラリアによる推定死亡者数は42万9000人。発生件数と死亡者数の多くはアフリカ地域だ。発症件数は2010年から2015年の間に21％減少し、死亡率は29％減少した。

厚生労働省では、マラリアの流行地へ渡航する際は予防薬の内服が望ましいとしている。ただし、キニーネを内服していても感染することがあるというから、油断してはいけない。

ロシア遠征をしたナポレオン軍の最大の敵は感染症だった？

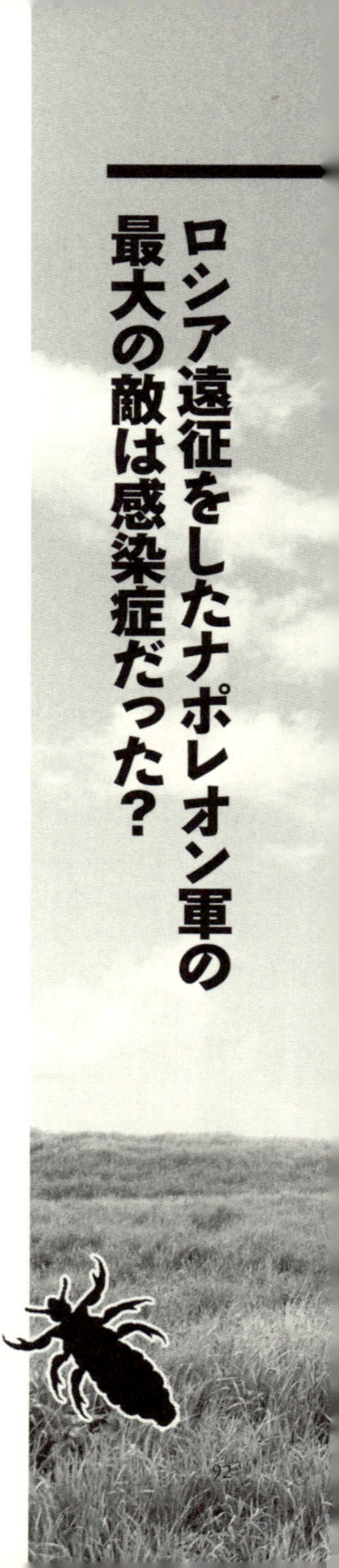

小さなノミがペストを大流行させたように、シラミもまた人間にとって厄介な感染症を広げてきた。それが、リケッチアという寄生菌によって起こる発疹《はっしん》チフスだ。媒介するのは、人間に寄生するコロモジラミやアタマジラミである。

シラミは人間から吸血するときにフンを出す。このフンの中にリケッチアが混入している場合、人間が吸われた部位をかきむしるとリケッチアが皮膚の中に擦りこまれ、やがて血液中へ侵入する。１～２週間の潜伏期を経て、悪寒《おかん》や頭痛、四肢《しし》の筋肉痛を伴った発熱が起こり、高熱が続く。やがて発疹が現われ、顔面をのぞく全身に拡大していく。激しい頭痛や精神錯乱などの症状も発疹チフスでは起こる。

最初の流行は１４８９年、イベリア半島のイスラム王朝グラナダ王国で発生した。王国を包囲したキリスト教国の兵士が感染し、約2万人が亡くなったという。

フランスの皇帝ナポレオン・ボナパルトが１８１２年に約70万人の大兵力でロシアに

遠征し、何も得ることができず撤退した際には、飢えと凍傷、疲労、疫病で数十万人の兵士が亡くなったが、「敵の攻撃よりも発疹チフスで死んだ兵士のほうが多かった」という説もある。また、主要食物であったジャガイモの疫病による食糧難「ジャガイモ飢饉」（1845〜1849年）に見舞われたアイルランドでは、飢餓と発疹チフスにより、約100万人の死者が出た。

●ユダヤ人の強制収容所でも流行

第二次世界大戦中にナチス・ドイツが設けたユダヤ人強制収容所では、衛生状態の悪化から発疹チフスが流行した。『アンネの日記』の著者として知られるアンネ・フランクも強制収容所で発疹チフスにかかり、15歳で亡くなっている。ただし、ユダヤ人強制収容所での事例は、不衛生な環境に大勢のユダヤ人を押し込めて放置した。

このように発疹チフスは、衛生環境が劣悪だった収容所や刑務所では日常的に発生し、冬期や寒冷地でも流行してきた。

発疹チフスは根絶できておらず、現在もアフリカやメキシコ、南米アンデス高地などで局地的に発生している。予防にはシラミの駆除が第一。衣類や寝具に潜むシラミの場合、一般に70度の熱気に30分通せば死滅するといわれている。

妻が夫を毒殺するために用いられた昆虫がいた？

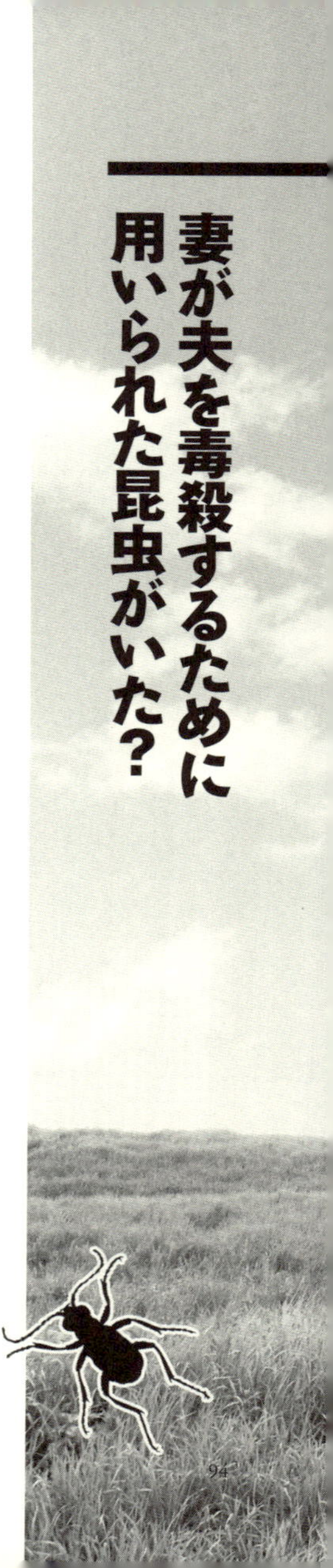

蚊やノミ、シラミのように感染症を媒介する昆虫もいれば、毒にも薬にもなる昆虫もいる。たとえばツチハンミョウ科に属するミドリゲンセイだ。ミドリゲンセイはヨーロッパと南部・中央アジアに生息する有毒昆虫で、形態はカミキリムシによく似ている。

この昆虫が分泌する液には、「カンタリジン」という毒性の強い化学物質が含まれており、人間が直接触れると肌の炎症を起こす。ミドリゲンセイと同じ科のマメハンミョウの毒はさらに猛毒で、中国では暗殺に用いられた。日本でも忍者が暗殺に使ったといわれている。

その一方で、カンタリジンは、皮膚刺激剤（血行促進や炎症除去のための薬）や、「できもの」の膿を出す発泡剤などの外用薬、利尿剤などの内服薬としても利用されてきた。

さらに、カンタリジンを乾燥して粉末にしたものは、性欲を高める催淫薬《さいいんやく》としても使われてきたらしい。ただし、有毒成分が排出される際に腎臓炎や膀胱炎を誘発し、少量でもくり返し服用すると慢性中毒の危険があった。

●あの侯爵も愛用していた？

17世紀のイタリアでは、容易に離婚できない法律により、離婚したくてもできない妻がカンタリジンを含む化粧水を飲み物に混ぜて夫に飲ませ、毒殺したといわれている。

当時、イタリアのトファナという名の女性がつくった美顔用化粧水「トファナ水」がヨーロッパの上流階級の女性の間で広まった。この化粧水には、ヒ素や鉛、カンタリジンの成分が含まれていたらしい。それが毒薬になると知った女性が憎い夫を殺害する目的で利用したというのだ。毒殺された男性は600人もいたという。

ミドリゲンセイの分泌する物質が催淫薬として用いられた有名な事件がある。フランスの小説家のマルキ・ド・サド（1740〜1814年）が起こした事件だ。サドは1772年、マルセイユで数人の売春婦と乱交パーティに興じた。その後、サドから与えられた錠剤に、ミドリゲンセイの粉末が入っていたとして、売春婦たちが告発したのだ。

女性たちがどうしてその粉末が入っているとわかったのかは不明だが、サドは「毒殺未遂と肛門性交の罪」で死刑宣告を受けた。サドは投獄され、獄中で多くの小説を執筆した。それは、背徳的で淫乱、個人の肉体的快楽を追求する内容の小説だった。そのことを知った、彼を投獄した者たちは「サドにつける薬はない」と悟ったのではないだろうか。

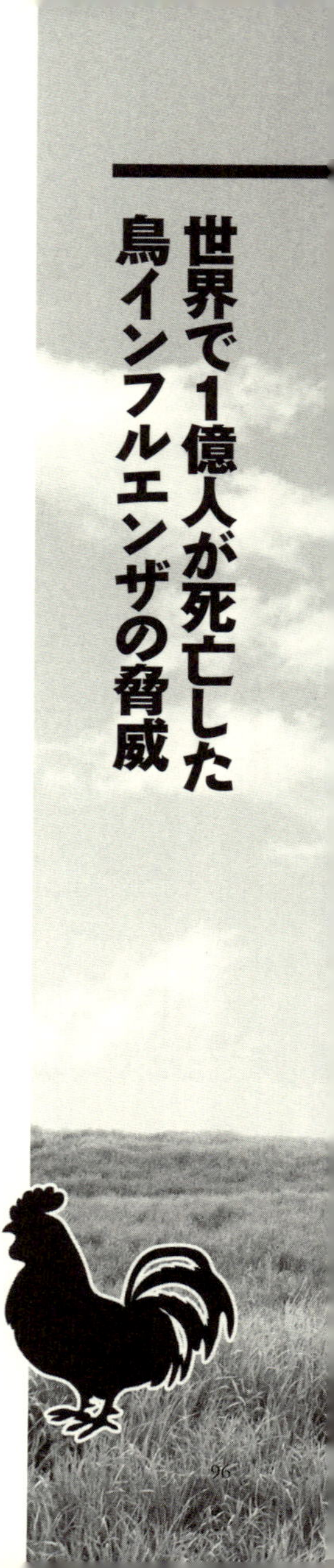

世界で1億人が死亡した鳥インフルエンザの脅威

１９１８年３月、アメリカでインフルエンザが流行した。これが後に世界中で５０００万人から1億人が死亡したとされる「スペイン風邪」のはじまりだ。スペインは、第一次世界大戦に参戦しなかったため、検閲が行なわれず、インフルエンザ流行の情報を発信することができたとされる。このことから、情報の発信地であるスペインに由来して、スペイン風邪と呼ばれるという。

スペイン風邪は三波にわたり全世界を襲った。米軍とともに欧州に渡り、西部戦線で戦う兵士に多数の死者を出し、第一次世界大戦の終結を早めたといわれている。同年秋に起こった第二波は世界で同時発生し、感染はヨーロッパからアジアへ拡大。インドや中国、インドネシア、日本などでも多くの死者が出た。１９１９年春に第三波が起こり、同年秋にようやく終息に向かったのである。

スペイン風邪の病原体は、Ａ型インフルエンザウイルス（Ｈ１Ｎ１亜型）と呼ばれるタイプだった。家畜を含む鳥がかかるインフルエンザのウイルスが、変異して人間にも感染するようになったのである。

●変異するインフルエンザウイルス

インフルエンザウイルスは、自分の力だけで増殖することができない。そこで、自分たちの子孫繁栄のために、人間やニワトリ、ブタなど、自分と相性のよい生物の細胞に強引に潜り込んで、その細胞の機能を借りて増殖するのだ。

変異を起こしやすいので、毎年少しずつ〝マイナーチェンジ〟しているという。しかも、まれに〝フルモデルチェンジ〟をする可能性があるというから厄介だ。

それは変異でなく、まったく別のウイルスの登場だ。たとえば、鳥にしか感染しないインフルエンザが何かのきっかけで、めぐりめぐって人間に感染するようになる可能性もある。このほか、鳥インフルエンザと既存のインフルエンザウイルスが交雑して新型のウイルスが誕生すれば、前年に流行ったインフルエンザとはまったく異なるタイプとなる。

インフルエンザウイルスは、直径わずか1万分の1ミリしかないが、子孫繁栄のために動物の細胞に潜り込む凶暴なウイルスだ。しかも、ニワトリを含む鳥類に感染して爆発的な流行を生み出すこともある。これも、インフルエンザの脅威だといえる。

江戸時代の狂犬病で九州・中国地方のイヌがほぼ全滅!?

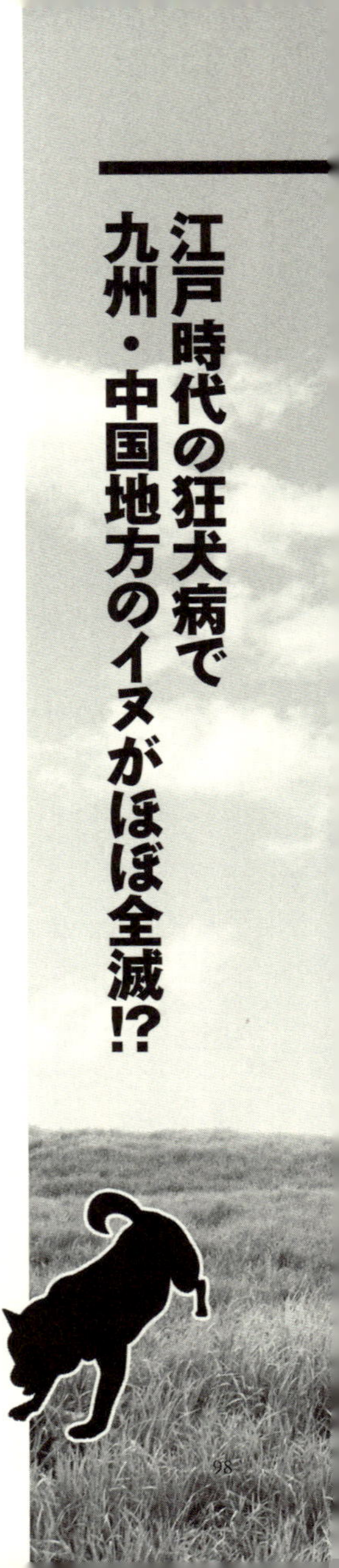

狂犬病は狂犬病ウイルスを媒介するイヌを含めたすべての哺乳類に感染し、発病するとほぼ１００％絶命する。これまでに全世界で１００万人以上が死亡し、感染して助かった者は数名しかいないという。現在も毎年５万人以上が命を落としている。

狂犬病ウイルスはイヌの唾液に含まれており、噛まれたり、傷口や口、目の粘膜をなめられたりすることで感染する。人間の場合、潜伏期間は噛まれた場所によって異なり、顔や首を噛まれた場合は10日目くらいから、発熱や頭痛、嘔吐、全身の倦怠などを起こす。手足など脳から遠い場所を噛まれた場合は、発病までに数カ月かかる。

発病後は、ものを飲みづらくなり、液体を飲もうとすると筋肉がけいれんする。やがて脳神経や全身の筋肉が麻痺し、昏睡状態となり、呼吸ができなくなって死亡する。

日本では１９５０年に狂犬病予防法が施行され、イヌの登録と予防注射が義務づけられるようになって以降、感染報告は数件のみだが、それ以前には幾度となく流行した。

●長崎から4年かけて江戸へも拡大

最初に流行したのは江戸時代の享保年間の1732年、当時外国との唯一の交流の接点であった長崎・出島で発生した。海外から入ってきた動物が狂犬病ウイルスを運び込んだのだろう。狂犬病はイヌからイヌや人間へと広がり、現在の大分県から海路を経由して中国地方に入った。一説によれば、九州・中国地方のイヌはほぼ全滅したという。次に、現在の山陽道を通って関西、東海、関東へと伝わった。当時の風俗を記録した『武江年表《ぶこうねんぴょう》』に、元文元年（1736年）12月ごろに「所々犬煩ひ多く死す」と記されていることから、長崎で発生してから約4年かけて江戸まで到達したようだ。

また、幕府の医官を務めた野呂元丈《のろげんじょう》が1736年に刊行した『狂犬咬傷治方《きょうけんこうしょうちほう》』に、「咬まれた傷は軽くとも、あとでふたたび病が重くなって十中の八、九は死ぬから瘡口《きずぐち》は早く血を吸い出して灸をすえるがよい」と記されていることから、当時すでに、イヌに噛まれて発生する、致死率の高い病気であることがわかっていたようだ。

明治以降も地域的に流行した。1923年、大阪で1338頭の感染したイヌが見つかり、翌年には東京で700件、大阪で600件の発生件数があった。下火になったのは1930年以降のこと。日本人は約200年間、狂犬病の恐怖におびえて暮らしてきたのだ。

大量発生したあの虫がエジプト全土を覆った？

アフリカや中東、アジアは、古くからバッタやイナゴの大量発生による災害「蝗害《こうがい》」に見舞われてきた。バッタは稲や農作物ばかりでなく草木をすべて食い荒らす。さらに、バッタの排泄物が食べ残した農産物を腐らせる。その地域では収穫や栽培ができなくなり、深刻な食料不足が発生して大飢饉が起こることもあった。

『旧約聖書』の一書『出エジプト記』に、イスラエルの神がエジプトに「十の災い（十災禍《じっさいか》）」をもたらしたと記されている。そのうち第8の災いは、大量発生したイナゴがエジプト全土を覆い、作物を荒らす「イナゴの災い」だ。このことから、『旧約聖書』が編纂された紀元前5世紀から紀元前4世紀ごろには、人類はすでに蝗害にあっていたことがわかる。

アフリカや中東で大発生するのは、イナゴではなくサバクトビバッタだ。アフリカや中東、インド北部にかけて生息し、身体が大きく、群れの移動速度が速く移動距離も長い。1日当たりの飛行距離は100～200キロというから、東海道本線の品川駅－静岡駅間

（約180キロ）を毎日移動しているのと同じだ。

●環境によって性格が変わる？

サバクトビバッタの群れの密度はすこぶる高く、1平方キロメートル当たり4800万～9600万匹という。これが突然、空から飛んでくるのだから、「バッタが空を覆い尽くす」というのが大げさな表現ではないことがわかる。

サバクトビバッタは通常、群れずにおとなしい性格だが、えさが不足すると群れるようになり、えさを求めて大移動するようになる。環境によって、群れることが大好きで行動的な性格になるのだ。つまり、大量発生は、バッタが自身の生存と種を残そうとする本能から起こるのである。

もっとも最近の大発生は、2003年10月に西アフリカではじまり、2005年5月まで続いたものだ。2003年秋の2日間の大雨をきっかけに、モーリタニア、マリ、ニジェール、スーダンなどの国でバッタの数が急速に増加した。

2004年には、アフリカ北部、中央部、近東、カナリア諸島、ヨーロッパ南部にまで達し、広範囲の食料不足をもたらした。国際連合食糧農業機関（FAO）の試算によると、のべ20カ国以上が受けた農被害の総額は25億ドル（約2775億円）にも上るという。

数百人の日本兵が動物に襲われ……、ギネスブックにも載る惨劇とは？

世界のさまざまなナンバーワンを集めた『ギネスブック』に、「動物がもたらした最悪の災害」として、ワニによる被害の記録が載っている。それはなんと、太平洋戦争中に日本兵がビルマ（現在のミャンマー）で数百頭の野生のイリエワニに襲われ、数百人が亡くなったというものだ。

その惨劇は、「ラムリー島の戦い」（１９４５年1月21日～2月22日）で日本兵がラムリー島を撤退するときに起こったという。当時、日本軍はビルマを占領し、ベンガル湾の北東部沿岸にあるラムリー島に約１０００人の兵士を送り込んでいた。

そこへイギリス軍がラムリー島を奪還するために上陸。日本軍は果敢に防戦したが、しだいに追い詰められ、全軍退却を余儀なくされた。島からビルマ本土へ脱出するために、日本軍はイギリス軍の監視の目をかいくぐり、マングローブが生い茂る湿地にある川を夜中に渡ることにした。だが、川を泳いで渡る最中、イギリス軍の射撃によって多くの日本兵が命を落としたり、捕虜として捕らえられたりしたという。

その川を渡るとき、多くの日本兵がイリエワニに襲われたというのだ。対岸へ渡り切ったのは約50名のみで、１００人以上の兵士が数百匹のワニに食べられともいわれている。

●惨劇は日本軍の記録にない？

イリエワニは、インド、東南アジア、オーストラリアに生息する世界最大の爬虫類。大型のものは体長5メートル、体重６００キロにもなる。性格は攻撃的で、人間が襲われた事件は少なくない。２０１１年にフィリピンのミンダナオ島で、30人がかりで捕獲に成功したイリエワニは、体長6・4メートル、体重１０７５キログラムという〝怪物〟だった。現地で行方不明になっている農民の何人かがそのワニの犠牲になった疑いがあるという。

なお、ラムリー島の戦いでは、友好的な島民に助けられ、約５００人の日本兵が無事に島を脱出している。ただし、生き残った兵士の口から、川でワニに襲われ、多くの戦友が亡くなったという話は出ておらず、日本軍の記録にもない。そのため、先に記した惨劇はイギリス兵が広めたつくり話だったという可能性もある。

その一方で、あまりにも悲惨な出来事だったので、生き残った日本兵のだれも口にできず、日本軍の正式な記録にも残さなかったのかもしれない。

出兵前に兵が大量死。フグ食を禁じた豊臣秀吉

天下統一を果たした豊臣秀吉（１５３７～１５９８年）は、関白になって以降、いくつかのことを禁止した。たとえば、農民が刀を所持すること（刀狩令）やキリスト教宣教師の布教活動（バテレン追放令）、そして、フグを食べること（河豚《ふぐ》食禁止の令）だ。

縄文時代の貝塚からフグの歯や骨が発見されていることから、日本人は有史以前からフグを食べてきたと考えられている。フグの肝臓や卵巣などの内臓、種類によっては皮、筋肉にも含まれている「テトロドトキシン」という物質は猛毒だ。その毒性の強さは青酸カリの１０００倍以上だといわれており、厄介なことに、３００度以上に加熱しても分解しないのだ。この物質を含むフグを食べると、やがて全身が麻痺し、呼吸困難に陥る。最後は意識がなくなり、心臓が停止する。食べてから4～6時間くらいで死に至るということだ。

秀吉がフグ食を禁止した理由は、いたってシンプルだ。１５９２年にはじまった朝鮮出兵の際、全国から肥前国（現在の佐賀県、長崎県）に約15万８０００人の兵が集められた。

ところが、下関に滞在した兵のうち、フグ中毒で死ぬ者が相次いだ。ここで戦力を失うわけにはいかない秀吉は「河豚食禁止の令」を発した。

●決してフグを口にしなかった人物とは？

江戸時代に入ると、多くの藩が藩士にフグ食を禁止した。なかでもフグの名産地である下関を抱える長州藩では、「フグを食べたらお家断絶」などの厳しい処分が下されたという。裏を返せば、フグの毒で死ぬ藩士がいたということだ。

長州藩士であった吉田松陰は「河豚を食わざるの説」という文章を残している。自身がフグを口にしない理由を説いたもので、その内容は次のようなものだ。

「志をもち、これを遂げねばならぬ使命をもつ士が、ふくの味に釣られて万が一毒にあたって死ぬなど、これほど国家に損失なことはない。で、あるから私はふくを食することはない」

松陰は、志のある者がフグの毒で死ぬのは、日本にとって大きな損失だと警鐘を鳴らしていたのだ。さらに「死ぬことはこわくないが、フグの毒で死ぬのは恥であり、じつに不名誉なことだ」と記している。ストイックな松陰らしい志だ。

西日本では、フグという音は「不遇」につながるが、フクなら「福」につながるとして「ふく」と呼んでいる。ちなみにふぐには、「鉄砲」という異称がある。これは、あたると死ぬことに由来するそうで、「てっちり」の「てっ」は「鉄」からだといわれる。

余談だが、山口県でフグ食を解禁したのは、松陰の弟子の伊藤博文であったことはあまり知られていない。1887（明治20）年、総理大臣であった伊藤は下関の料亭でこっそり出されたフグを食べ、「そろそろ、解禁してもいいだろう」と言ったそうだ。これがきっかけとなり、規制緩和され下関の名産品が復活したといわれている。

師匠・松陰が批判したフグ食だが、時代が変われば考え方も変わる。総理になった伊藤にとって、故郷・山口県のために禁止を解除することくらい朝メシ前だったのだろう。

●フグはだめでも、あの猛獣は好んで食べた？

秀吉はフグ食を禁止する一方で、朝鮮半島からトラの肉の塩漬けを取り寄せ、精力剤として食べていたようだ。多くの側室を抱えていたし、世継ぎも必要だった。当時、トラの肉には男性機能を高める効果があると信じられていたので、輸入したのだろう。

朝鮮出兵の際、武将たちに「トラの皮はいらない。トラの頭肉《かしらにく》と腸の塩漬けを送れ」と命じたといわれている。そこで、家臣として仕えた加藤清正は秀吉にトラの肉を届けるために「トラ退治」に励んだようだ。清正には朝鮮出兵の際、槍でトラを仕留めたという伝説が残っているが、トラ退治は秀吉の命に応えるためのものだったのかもしれない。

PART4

人間の手で
絶滅の危機に陥った生きもの

人間と出会ってから80年で絶滅した悲しき鳥

人間に発見されたことを機に絶滅に追い込まれていった野生動物は数知れない。インド洋南西部に位置するモーリシャス島だけに生息していた鳥のドードーは、そんな絶滅動物の象徴的な存在だ。

ドードーは大航海時代の１５９９年ごろ、モーリシャス島に寄港したオランダ人に発見され、１６８１年の目撃を最後に、姿を消した。これが事実なら、発見から80年あまりで絶滅したことになる。では、この間に何が起こったというのか?

ドードーはハトの仲間で、ハクチョウほどの大きさだった。灰色がかった茶色の羽毛、大きなくちばし、黄色い脚、短くずんぐりした翼をもっていた。もっとも大きな特徴は空を飛べなかったことだ。その祖先はモーリシャス島に飛んでやってきて棲みついたが、島内に天敵がいなかったため飛ぶ必要がなくなって翼が退化していったと考えられている。

飛べないドードーは、主食とする果実が豊富に実る森に棲み、地上に巣をつくった。歩くスピードは遅く、よたよたと歩いたという。草食なので猛スピードで獲物を追いかける必要はなく、天敵がいないので急いで逃げる必要もなかった。だからゆっくり歩くようになったのだろう。ドードーという名前はポルトガル語の「のろい」「まぬけ」という意味に由来するらしいが、それにしてもずいぶんひどい名前をつけられたものだ。

●人間のペットがドードーの天敵に！

モーリシャス島はもともと無人島だった。15世紀にヨーロッパで大航海時代がはじまると、ポルトガルやオランダが香辛料を求めて進出したインドの航路上にあるため、食料の補給のために寄港するようになった。捕獲したドードーの肉は固く味もまずかったので、船員は保存用の食料として塩漬けにしたという。

やがてモーリシャス島がサトウキビやパイナップルの栽培に適していることがわかると、西欧人が入植した。彼らはインドから数万人もの労働者を連れてきて森林を伐採させ、畑をつくらせた。入植者がこのときに持ち込んだ、食料としてのブタ、ペットとしてのイヌやサル、荷物に紛れ込んでいたネズミなどがドードーの天敵となっていった。

森林が伐採され、生息地を奪われたドードーは、歩くスピードが遅いことや警戒心のなさが災いし、入植者に容易に捕獲された。また、イヌやサルがドードーのヒナや卵を食べたことで個体数が激減し、やがて絶滅したと考えられている。

●児童文学に登場したドードー

モーリシャス島はガラパゴス諸島と同じで、一度も大陸と陸続きになったことのない海洋島だ。このような島に棲む動物は、飛来したか、海を渡ってたどり着いた動物の子孫にかぎられる。新たに訪れる天敵がいないため、島内で独自の進化が起こり、ドードーやガラパゴス諸島のガラパゴスゾウガメのような固有種が生まれやすくなる。

固有種はどこの国でも珍しいため、「商品」として売買されるケースも多い。ドードーの存在を最初にヨーロッパで広めたのは、オランダが派遣した東インド派遣船隊の提督を務めたファン・ネックだ。ネックは1599年、ジャワ島からの帰路、モーリシャス島に寄り、一羽のドードーを捕獲してオランダへ連れて帰ったようだ。そのドードーは王侯貴族のコレクションになり、やがて見世物興行に使われるようになったといわれている。

大航海時代には、世界の珍しい動物がヨーロッパに持ち込まれ、王族や財力のある商人たちがペットとして購入した。ドードーは珍獣としてヨーロッパに持ち込まれ、繁殖することなく各地で見世物にされたという記録が残っている。

絶滅したドードーはその後、児童文学に「的外れなことを言う、太ったのろまな鳥」として描かれ、世界中の子どもたちに知られるようになる。その作品は、イギリスの作家ルイス・キャロルが１８６５年に発行したファンタジー小説『不思議の国のアリス』だ。第３章に登場する、ガチョウに似た大きな鳥がドードーである。

『不思議の国のアリス』の挿絵に描かれたドードー。

オックスフォード大学の数学講師をしていたキャロルは、同大学にある自然史博物館に展示されているドードーの標本から着想を得たらしい。キャロルには軽いどもりの癖があり、自身の本名チャールズ・ドジソンを「ド、ド、ドジソン」と言うことが多かったため、ドードーという名前に親近感を覚えて同作に登場させたようだ。

絶滅したドードーは、こうして世界中で愛される物語のなかだけで生き続けているのである。

絶滅の危機からV字回復？
殺虫剤で滅びかけたハヤブサ

「鳥類最速のハンター」といえば、南極大陸を除く全世界に生息しているハヤブサだ。獲物の小型の鳥類を見つけたら翼をすぼめて急降下する。そのときの最高速度は時速３２０キロに達する。これは東北新幹線「はやぶさ」の最高速度と同じスピードだ。いつどのように計測したのかは不明だが、「時速３８９キロ」という記録もあるという。

ハヤブサはこのスピードで獲物の鳥に迫って脚で蹴り落とし、気絶したところを空中でわしづかみにする。飛びながら捕獲するという技術を持っているため、日本ではタカとともに鷹狩りに使われてきた。ハヤブサという和名は、「早翔・早翼・速翼」（はやつばさ）が転じたものだといわれている。昔の日本人は、そのスピードに驚いて命名したのだろう。

また、太平洋戦争では、帝国陸軍の戦闘機の愛称「隼」としても使われている。開発者や陸軍の幹部はハヤブサの速さや強さに、あやかりたいと考えたのではないだろうか。

このように日本人とは関係の深いハヤブサだが、一時期は世界の各地で絶滅の危機に瀕

速さの比較

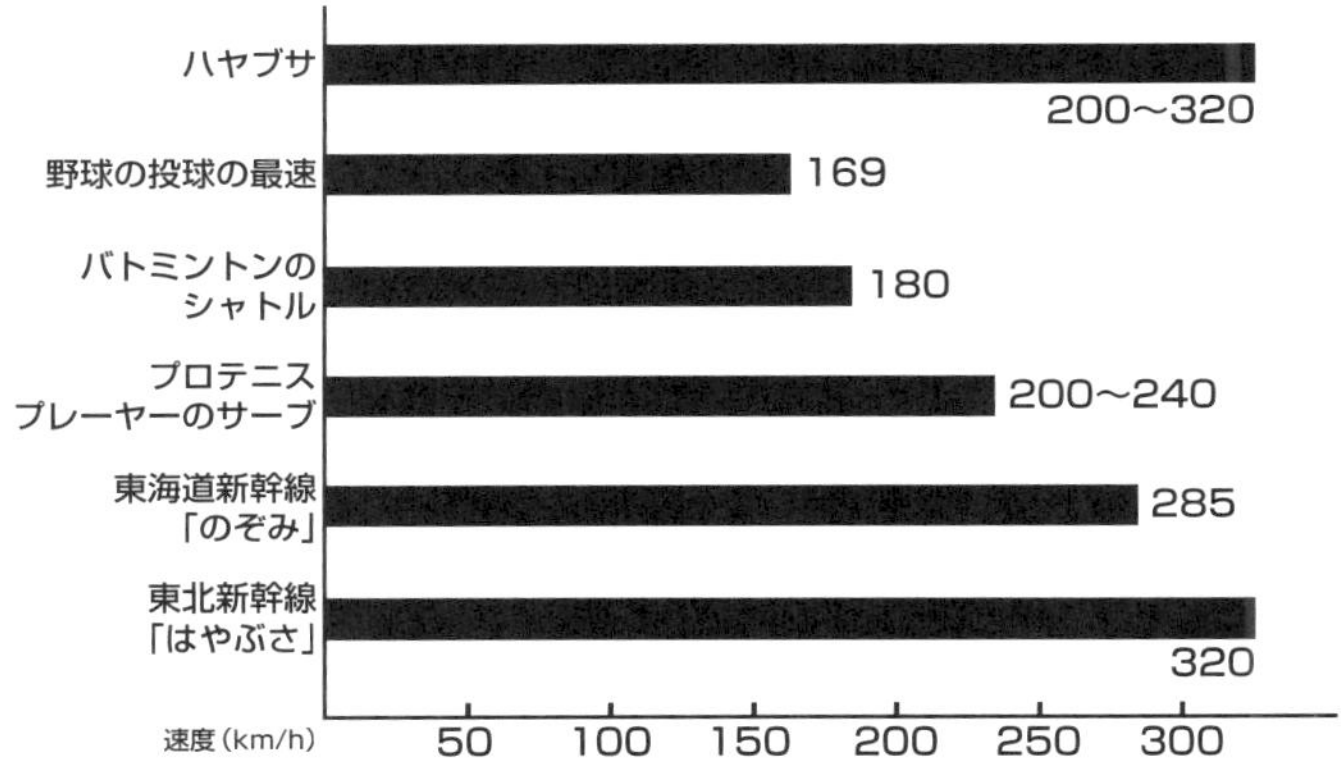

ハヤブサは新幹線と同じくらいの速さで降下することができる。

していた。その要因は生息地の環境が破壊されたことと、殺虫剤や農薬として使われたＤＤＴの影響が大きい。

　ＤＤＴは１８７４年にドイツで合成に成功した有機塩素系の化学物質だ。その後、１９３９年にスイスの科学者パウル・ヘルマン・ミュラーがＤＤＴに強力な殺虫効果があることを発見。これを機にＤＤＴはノミやシラミなどの昆虫を介する伝染病に対する散布薬として利用されるようになった。

　大きな効果を発揮したのは、第二次世界大戦中の１９４４年1月のこと。連合軍がイタリアのナポリを制圧したとき、シラミを媒介とする発疹チフスが大流行していた。そこで連合軍はナポリ市民に

ＤＤＴを散布。これによりシラミが全滅し、発疹チフスの流行は収束したのだ。

日本では、終戦直後の衛生状態が劣悪な環境のとき、米軍がＤＤＴを持ち込み、シラミ退治のための散布が行なわれた。当時の映像や写真には、白衣を着た大人が自転車の空気入れに似た散布機を手に持ち、子どもたちの頭に白い粉を吹きかけている様子が残っているが、あれがＤＤＴの散布風景だ。大戦中から発疹チフスの患者が急増し、戦後の１９４６年には患者数３万２０００人に達していた。そこで発疹チフスの広がりを阻止する目的で使われたのだ。しかし、そのＤＤＴには残留毒性があった。人間への影響はなかったが、野生動物には悪影響を及ぼしたのだ。

●日本でもハヤブサが減少

第二次世界大戦後、ＤＤＴは欧米で害虫を駆除する農薬としても利用されるようになり、無分別に広範囲で使用された。日本でも小規模ではあるが、農薬として使われた。

だが、１９６０年代に入ると、ＤＤＴが分解しにくく、土壌や水に長く残留することがわかってきた。畑に散布されたＤＤＴは分解することなく雨水とともに川へ入り、さらに海まで流れ、魚介類がＤＤＴの毒性を摂取していったのだ。そして、その魚を捕食する小型・中型の鳥の体内でも蓄積された。

ハヤブサは食物連鎖の頂点にいて、小型の鳥類を獲物としている。そのため、結果的に高濃度の毒性物質を取り込んだ。後にわかったことだが、その物質には、動物の生殖機能に影響を及ぼす「内分泌かく乱作用（環境ホルモン）」が含まれていた。

体内に蓄積した環境ホルモンが働いてハヤブサの卵殻は薄くなり、排卵の途中でヒナが死ぬようになった。ＤＤＴを大量散布してきた北米とヨーロッパの大部分で、ハヤブサがじょじょに減少し、絶滅の危機に直面したのである。

１９７０年代に入り、ＤＤＴに代表される農薬が及ぼす動物への悪影響が世界的に問題視され、先進国ではＤＤＴの製造、使用が禁止されていく。

こうして、数十年かけて環境をもとに戻していったことで、世界のハヤブサの生体数は増えてきている。Ｖ字回復まではいかないが、絶滅の危機は脱した。

日本では、生態系に与えた影響は欧米より軽かったが、シマハヤブサとハヤブサが減った。１９７０年、ＤＤＴの製造、輸入、使用が禁止され、シマハヤブサとハヤブサは１９９３年に環境省の「国内希少野生動植物」に指定された。同省は二種の生息数減少の原因として、森林開発により生息地が減ったことを挙げている。

近年、全国の高層ビルでハヤブサが羽休めしている光景が見られるようになった。自然の生息地を失ったハヤブサは今、人工の環境に適応しようとしているのだ。

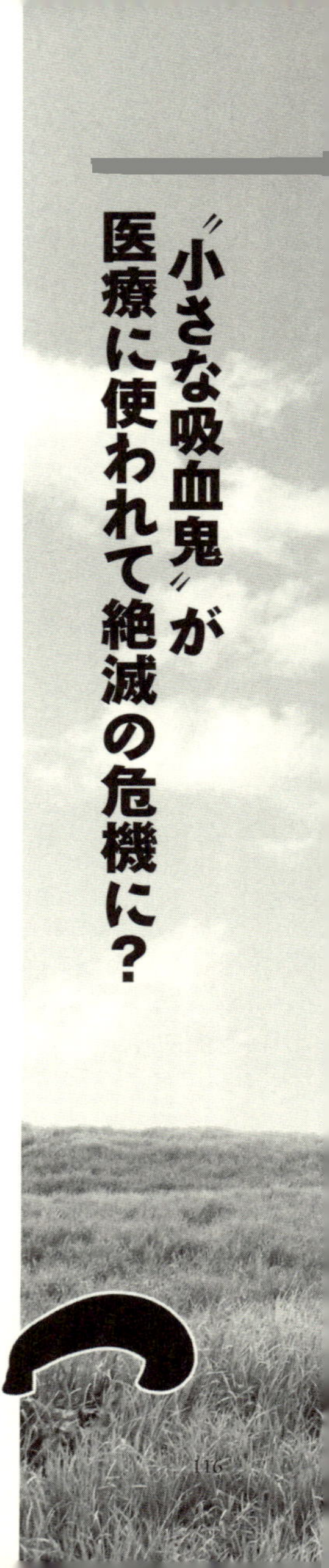

〝小さな吸血鬼〟が医療に使われて絶滅の危機に？

多くの人はヒルに対して、「ナメクジみたいな外観で、動物の血を吸う、気持ち悪い生物」といったように、あまりよい印象を持っていないだろう。しかし、ヒルが医療に使われ、人間の役に立ってきたことはあまり知られていない。

じつは、ヨーロッパでは19世紀末まで、「瀉血《しゃけつ》」という治療にヒルが使われていたのである。瀉血とは血を抜くことにより症状を改善する治療法である。赤面や炎症、高熱といった症状は体内の過剰な血液が原因と中世のヨーロッパでは考えられ、瀉血治療が行なわれていたという。つまり、ヒルを意図的に患者に付着させ、血を抜いたということだ。

ヨーロッパや西アジアの温暖な地域に生息するヒルが医療用に使われたが、一時期、需要が高まりすぎて、ヨーロッパの多くの生息地で激減したり、絶滅したヒルの種もあった。

医療用のヒルには、淡水の池や水路に生息し、そこで水を飲むウシやウマの血を吸う種類が選ばれていた。ヒルは〝小さな吸血鬼〟と呼ばれるように肉食性だ。ところが、農業の工業化が進んだ地域でウマは使われなくなった。こうして、吸血する動物にめぐりあえなくなってヒルがしだいに減っていったのだ。

●再注目され養殖で拡大

医療用のヒルは1980年代に形成外科の分野でふたたび脚光を浴びるようになる。ヨーロッパやアメリカの外科医療では、手足や手の指を切断し、手術により再接着を行なう患者にヒルが用いられるようになった。接合した四肢の端に無菌化したヒルをつけて吸わせ、血管の再生を促すのだという。医療用のヒルは現在、日本でも福島県立医科大学付属病院や関西医科大学などで実際に使われている。

そうした医療用のヒルを養殖し、医療機関へ出荷する専門業者もあり、ビジネスとして成り立っているのだ。医療用のヒルは、決められた水温の水槽で養殖され、管理される。えさなしで3年間も生きることから管理はさほど難しくないようである。

漢方薬・漢方食品の世界においては、養殖のヒルを乾燥させたものを「水蛭《すいてつ》」と呼び、滋養強壮や男性の精力促進に効果のある健康食品として販売している。野生のヒルが減少している一方で、養殖のヒルは医療や健康食品の分野で利用されているのである。ヒルからすれば、自分が食べられる側になるとは思っていなかっただろう。

アメリカの国章にもなっている国鳥が絶滅しかけた!?

ハクトウワシはその名のとおり、肩から頭にかけての部分が白い。翼を広げると2メートルを超える大型の猛禽類で、北米大陸の沿岸部に生息している。

アメリカ先住民がハクトウワシを「聖なる動物」と考えてきたこともあり、アメリカでは「国鳥」としてあつかわれている。雄々しい横顔、鋭い眼光、大きく曲がった黄色いクチバシなど特徴的な外見から、強さや気高さ、権力の象徴として、国章のほか政府の書類、重要書類に捺《お》す印章、紙幣やコイン、パスポートなどに用いられている。ロサンゼルスオリンピックのマスコットキャラクター「イーグルサム」のモデルもハクトウワシだった。

それほど重要な動物であるにもかかわらず、ハクトウワシは2007年まで全米絶滅危惧種リストに入っていたという。いったいどうしてなのか?

ハクトウワシは1700年代には、北米大陸に50万羽以上もいたとされている。1800年代に商業目的の狩りがはじまり、乱獲されたため、1918年に保護動物に指定。1940年には、ハクトウワシ保護法が施行され、商業目的の狩りは全面的に禁止された。羽を採集するだけでも、国の機関から許可を得なければならなくなったのである。

●アメリカが威信をかけて数が回復

ハクトウワシの生息数が減ったのは、1940年代に殺虫剤のDDTが農地に散布されるようになり、魚が汚染されたことも関係がある。ハクトウワシはおもに魚をえさとしているので、生物濃縮により体内に高濃度の毒性物質が蓄積されていった。その影響で卵殻が薄くなり、個体数が激減していったのだ。

1950年代には、アラスカ州を除く北米大陸全体で412の繁殖ペアしか確認できなかったという。そのため、アメリカ政府は1967年にハクトウワシを全米絶滅危機リストに分類し、計画的な保護活動を開始した。国鳥が絶滅の危機にさらされているとなれば、大げさにいえば国の恥。アメリカ政府のプライドが許さなかったのだろう。

アメリカ政府は1970年代はじめにDDTの使用を禁止し、大規模な保護活動を続けた。その結果、1990年代初頭には10万羽までに回復。以降も生息数は増え、2007年、全米で約1万の繁殖ペアが確認されたことをもって、アメリカ政府はハクトウワシを絶滅危惧種指定リストから除外した。これで、アメリカ政府の面目はかろうじて保たれたのだ。

50億羽もいたリョコウバトは なぜ絶滅したのか？

北米に生息していたリョコウバトは、渡り鳥だ。夏場はニューヨークから五大湖周辺で巣をつくり、冬場はメキシコ湾岸部へ渡って越冬した。大群で移動するのが特徴で、19世紀のはじめには、22億羽と推定される群れが存在したという記録が残っている。群れが移動する地域では、空がリョコウバトで数日間覆われ、昼間でも暗かったほどだ。

18世紀には、北米全土で約50億羽が生息していたとされる。これほど生息数が多かったというのに、20世紀はじめに絶滅したのには、いくつかの原因があったのである。

西部開拓時代の1860年代以降、開拓民が森林を伐採し、原野を開墾していったことで、リョコウバトの生息地が減っていく。主食の木の実がなくなったリョコウバトは農作物をついばむようになる。そのため「害鳥」として駆除されるようになったからだ。さらに、その肉のおいしさも災いし、やがて食用に捕獲されるようになって、開拓民の胃袋におさまっていった。また、羽毛は布団の材料になったという。

●物流網や電報の開通が減少に拍車をかける

当時、急速に整備されていった鉄道網も大きく影響した。物流網ができ、リョコウバトの肉が都市で高額で取引されるようになると、ハンターの数が急増。加えて、1861年に大陸横断電信システム（モールス式電信による電報）が開通して以降、リョコウバトの群れの居場所をいち早く知ったハンターにより、乱獲が進んだ。

リョコウバトは生息数の多さの割に、1年に一度の繁殖期に1個の卵しか産まなかった。しかもその生息地が開拓により少なくなっていたので、いったん生息数が激減すると回復できなかったのだ。1890年代には、リョコウバトの姿を見ることはなくなった。この事態を重く受け止めた連邦議会は1900年、アメリカ最初の野生生物保護法のひとつ「レーシー法」を可決したが、時すでに遅すぎた。

1907年、野生のリョコウバトは絶滅。以降、動物園で7羽が飼育されたが、1914年に最後の1羽、メスのマーサが老衰死して種は絶滅した。

しかし近年、新たな動きがある。カリフォルニア大学の科学者グループが2012年、リョコウバトの標本からDNAを抽出し、そのクローンを作成する計画を開始したのだ。2017年8月現在、成功したというニュースは届いていない。

乱獲されたビーバー。毛皮だけでなくお尻の匂いも大人気？

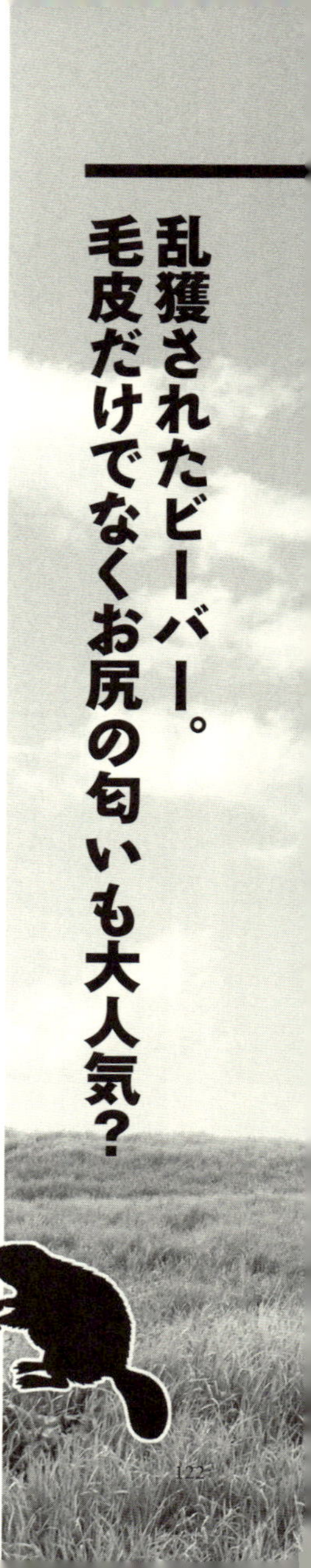

江戸時代、日本では獣肉食はタブーだったが、「ウサギは鳥、耳のように見えるのは羽根だ」という無理な理屈が付けられてウサギの肉は食べられていた。それと似た話が北米にもある。キリスト教では金曜日の肉食が禁止されており、代わりに魚を食べる習慣があった。17世紀のカナダでは司教が「ビーバーは水中に住むから魚だ」と言ってビーバーを食すことを許可したという。

実際、ビーバーは哺乳類であるが水辺で生活するのに適した機能を備えている。じつに15分間もの潜水が可能で、目には普通のまぶたとば別にゴーグル代わりになる透明な膜がある。またビーバーは、川につくった家を敵から守るため、大量の水辺の木を倒して、川の水をせき止め立派なダムをつくる。木を運ぶとき、歯の内側で口を閉じることができるので、口に物をくわえたまま水を飲み込まずに泳ぐことが可能なのだ。そして、毛皮は油脂でおおわれ、防水性も保温効果もきわめて高かった。

ところが、この毛皮のために、ヨーロッパでも北米でも大量にビーバーが乱獲された。

ビーバーが木を倒して川につくったダム。

イギリスやフランスの上流階級の間ではビーバーの毛皮でつくられた山高帽がステータスとなり、19世紀前半のアメリカでは年間に10〜50万頭のビーバーが殺されたという。

さらに、高価な香料の材料としても狙われた。ビーバーは縄張りをマーキングしたり毛皮に耐水性を持たせるため、肛門の近くからカストリウムという物質を分泌する。これを加工したものは、「海狸香《かいりこう》」と呼ばれる動物性の香料として珍重され、頭痛や発熱などの薬、媚薬としても効果があるといわれている。

現在、ビーバーはヨーロッパでもアメリカでも保護の対象だが、人間が狩る以前に、水質汚染のため体毛が台無しになってしまう場合も多いという。

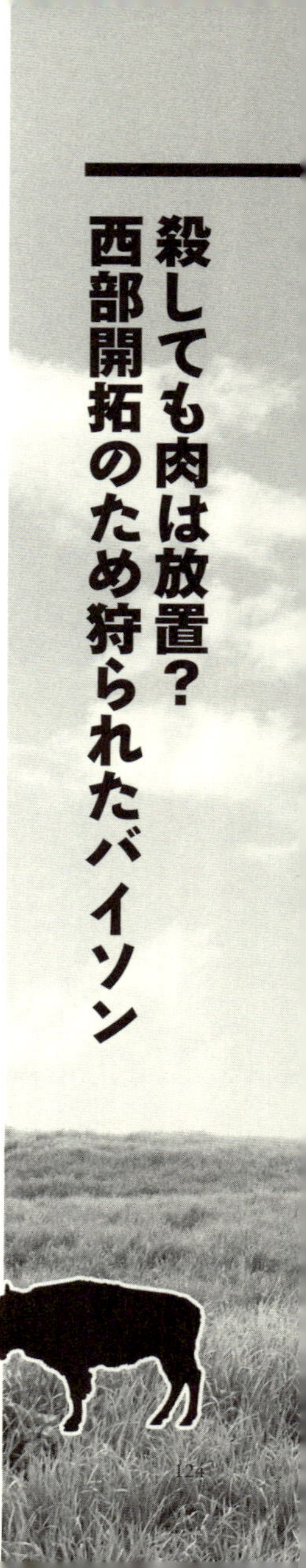

殺しても肉は放置？ 西部開拓のため狩られたバイソン

アメリカではバイソン（野牛）のことをバッファローとも呼ぶが、じつはバッファローとは本来、アジアなどに棲む水牛をさす。バイソンはアメリカだけでなくヨーロッパにも生息したが、20世紀までに野生のものが激減してしまった点は共通である。

白人がアメリカ大陸を訪れる以前、北米には、５０００～６０００万頭ものバイソンいたという。先住民（ネイティブ・アメリカン）のなかで狩猟を行なう部族は、弓や槍でさかんにバイソンを狩ったが、バイソンの全体数からすればたいした量ではなかった。肉は食用、皮はテントや衣類、腱の筋は弓の弦、骨は矢じりとバイソンは重宝された。

入植した白人は当初、先住民のハンターたちからバイソンの肉や皮を買っていたが、しだいにみずから銃でバイソンを狩るようになった。

ゴールドラッシュや南北戦争が起こった１８４０～60年代には、日照りのためにバイソンが自然に減少したところに乱獲の追い打ちがかかり、バイソンの減少が加速した。

白人が多くのバイソンを狩ったのは、皮や肉だけが目的ではない。草原を大量の群れで暴走するバイソンは、大農場の建設や鉄道の敷設には何かと邪魔だったのだ。

また、先住民のなかでも、スー族など狩猟を行なう部族はバイソンで生計を立てていたので、バイソンを意図的に大量虐殺することで白人に抵抗する先住民の力を削ぐことが図られた。そのため、バイソンを大量に殺しても死骸は放置し、肉は腐るままという場合も多かった。

●一時は頭数が最盛期の10万分の1に!?

アメリカ西部が開拓し尽くされ、「フロンティアの消滅」が宣言された1890年には、北米のバイソンはわずか500頭あまりにまで減少してしまっていた。著名なハンターだった「バッファロー・ビル」ことウィリアム・フレデリック・コディー（1846～1917年）は、4000頭ものバイソンを狩ったといわれる。だが、そのコディーですらバイソンの激減を危惧し、一転して保護を訴えるようになった。

現在、北米のバイソンは約20万頭まで回復したといわれるが、大部分は人間が管理する牧場か保護区で生息する。野生の群れがいるのはワイオミング州からアイダホ州、モンタナ州にまたがるイエローストーン国立公園と、カナダのバッファロー国立公園だけだ。

船乗りの年収分ほどにもなったという最高級の毛皮の動物は？

泳ぎながら石で貝を砕くラッコは、道具を使う動物の代表格といえる。ラッコの生息地は、最低気温がマイナス20度にもなる千島列島やアリューシャン列島などで、寒さに耐えるため体表には1平方センチメートルあたり9万3000本以上もの細かい毛が生えている。これは、なんと人間の頭全体に生えている頭髪の本数にも匹敵する。

18世紀にベーリング海やアラスカの探検が進むと、ラッコの毛皮は大いに珍重されるようになり、1750～1850年の間に75万頭が狩られたという。当時はラッコ1頭の毛皮が、じつに船乗りの1年分の収入にもなった。幕末期にロシア船が蝦夷地（北海道）の近海によく現われるようになったのも、ラッコの毛皮が目的だったといわれる。

ラッコの繁殖力は低く、一度に生まれる子どもはほぼ一頭だ。おかげでみるみるうちに生息数が激減し、1911年には国際的な保護条約が結ばれた。日本もこれに参加し、翌年には「臘虎《らっこ》膃肭獣《おっとせい》猟獲取締法」という法律が定められ、現在まで続いている。

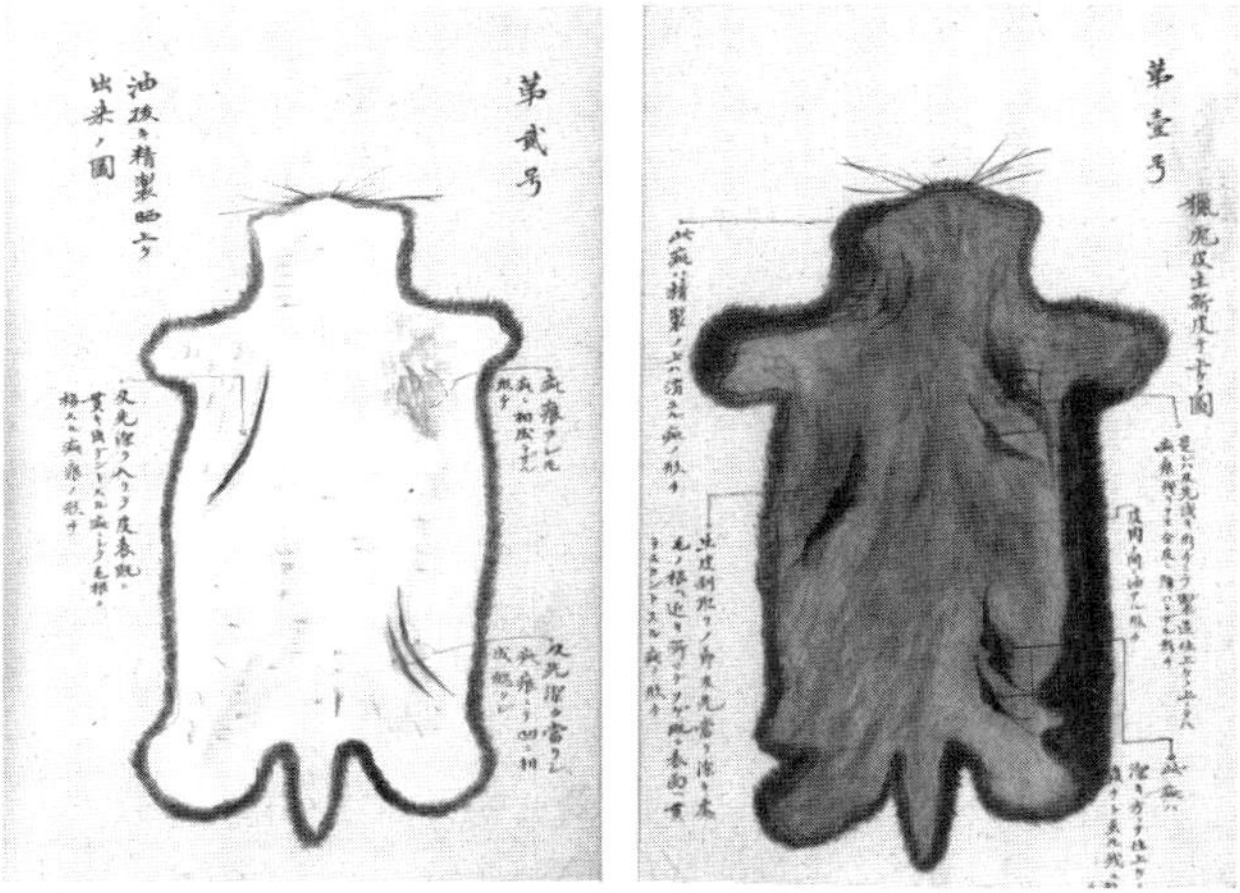

開拓使によって書かれた『開拓使文書』内にある、精製したラッコの毛皮を図示したもの。（北海道立文書館所蔵）

現在、北米でのラッコの生息数は約2000頭、千島列島では約1万頭といわれる。乱獲は避けられているが、1989年にはアラスカ湾でタンカーが座礁し、原油の流出によって身動きが取れなくなった約6000頭ものラッコが命を失っている。

余談だが、同じく水辺に住む哺乳類で毛皮が利用された生き物ながら、ラッコとは逆に日本で大繁殖したのがヌートリアだ。その毛皮はラッコと近縁のカワウソに似ているが、ヌートリアはネズミの仲間にあたる。戦前に日本に持ち込まれ、わずか数年で数万頭にも増えた。それも当然で、年に2回以上出産し、一度に5頭前後も生まれるのだ。

毛沢東の大失敗！中国共産党のスズメ撲滅計画

歴史上では、強大な権力者がある種の動物を大量に狩らせたという逸話が残る。たとえば、豊臣秀吉が娘のキツネ憑《つ》きをおそれ、京都の伏見稲荷大社に「キツネを皆殺しにするぞ！」と訴えたという。そんななか、本当に鳥獣の大量駆除を実行した人物のひとりが、中国共産党を率いた毛沢東（１８９３〜１９７６年）だ。

１９５８年２月、毛沢東は中国全土で「四害駆除運動」を実施させた。これは伝染病を媒介するハエと蚊、穀物を食べてしまうネズミとスズメの撲滅をはかったものだ。当時の中国の人口は５〜６億人ほどで、農村では労働人口の大部分が「四害」の駆除にあたった。ところが、スズメが激減した結果、それまでスズメが捕食していたイナゴなどの害虫が大量発生してしまったのだ。そこで途中からスズメではなくナンキンムシの駆除に変更されたという。

同時期に「土法炉」という簡易な自家製の溶鉱炉による製鉄を農村の各家庭に行なわせ

中国の国民ひとりあたりの食糧生産量の推移

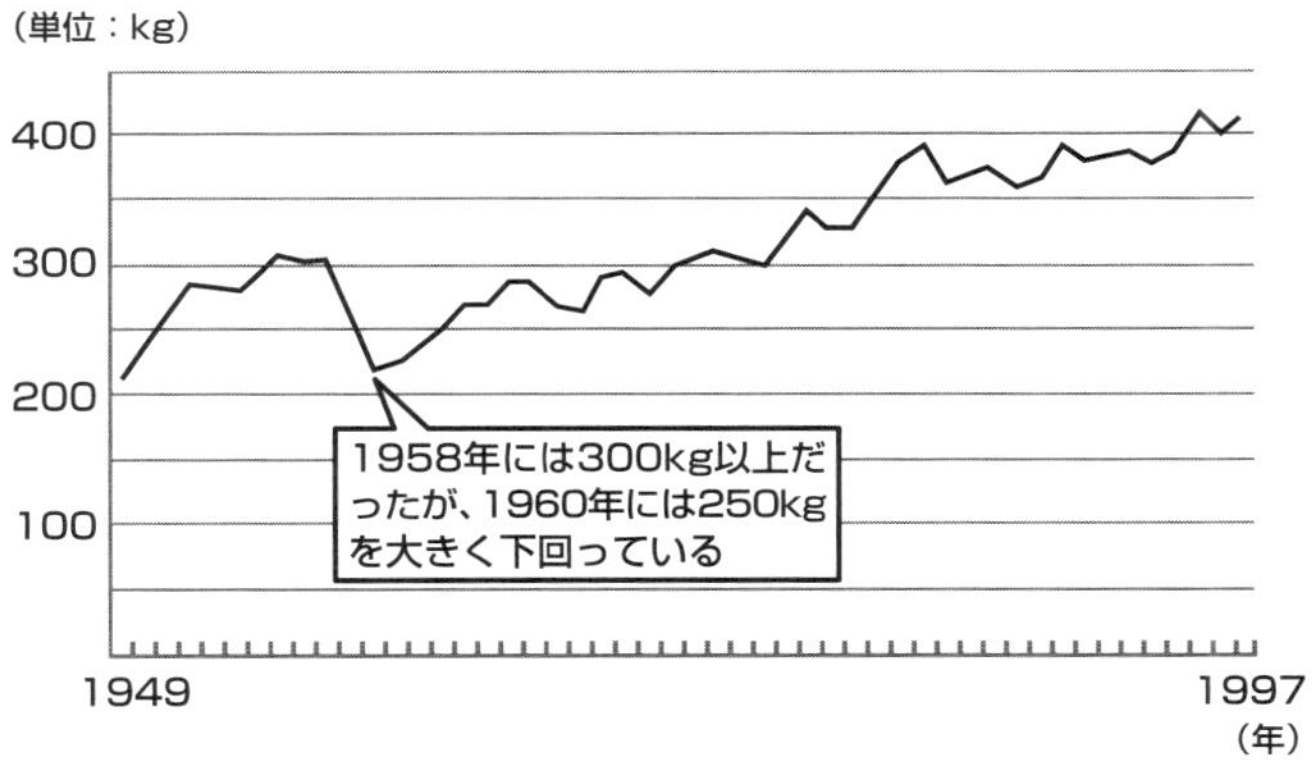

『中国』（勁草書房）を元に作成

スズメが減った影響からか、1958年以降の食糧生産量が落ちている。

ることで、鉄鋼生産を飛躍的に上げようともした。

しかし、スズメの激減で害虫が増えたことに加え、農民が製鉄にかまけて農業をおろそかにした結果、1500～4000万人もの餓死者を出すという悲惨な事態を招いてしまう。

ドイツにも毛沢東の大失敗と似た話がある。18世紀のプロシアを治めたフリードリヒ大王（1712～1786年）は、好物のサクランボをよくスズメに食べられるのでスズメの駆除を命じた。その結果、害虫の大発生を招いたため、反省して鳥類の保護にはげんだという……。この話、中国では知られていなかったのだろうか。

災いを運ぶとされたネコ。黒死病の流行で大量虐殺

現代でこそネコは愛玩動物の代表格だが、13世紀から17世紀は、ヨーロッパのネコにとって受難の時代だった。教会が絶大な権威を持っていた当時は、激しい「魔女狩り」が行なわれていた。百年戦争でフランスを勝利に導いたジャンヌ・ダルク（１４１２～１４３１年）が、イングランド軍の魔女裁判の末、火刑にされてしまったのもこの時期だ。

魔女は、カラスやフクロウなどさまざま動物を「使い」として従えていると伝えられるが、なかでも魔女の使いとして忌み嫌われたのはネコだった。

もともとネコは人間に対して愛想がよい動物とは言いにくい。穀物に害を与えるネズミを狩るけれど、イヌのように人間の命令を聞いてしているわけではない。夜行性で、音もなく忍び歩き、暗闇では目が光って見える。そうした特徴からネコは気味悪がられ、悪魔の手先と思われたようだ。魔女はほうきにまたがって空を飛ぶ際に特別な膏薬を体に塗るとされ、その薬にはネコの血が混ぜられているともいわれた。

●中東ではネコは愛されていた

忌み嫌われたため、ヨーロッパ各地でネコが大量に虐殺された。とくにオランダからベルギーにかけての地域では「ネコの水曜日」という行事があり、水曜日に大量のネコを塔から投げ落として殺した。一部の地域では19世紀の終わりごろまで続けられたという。

中世のヨーロッパでは、たびたび黒死病（ペスト）が猛威をふるって大量の死者が発生したが、これも当時はネコが災いや病を運んでくると解釈されていた。ところが、事態はむしろ逆だった。ネコが減った結果、伝染病を媒介するノミが体についたネズミが増加し、それによって黒死病が蔓延したのだ。ネコを大量虐殺しても黒死病がやまないのは、ネコのたたりだと解釈する者もいたようだ。

しかし、19世紀に入るとしだいに細菌学の知識が広まり、ネコがネズミを狩れば伝染病の蔓延が抑えられることが理解された。こうして、どうにかネコも復権を果たしたのである。

ちなみに、ヨーロッパのキリスト教文化圏とは逆に、中東のイスラム教文化圏ではネコは古くから愛された。ネコの原種は中東に近い北アフリカのリビア産だといわれ、その隣国のエジプトではイスラム教が広まる以前の多神教の時代、バステトというネコの女神が信仰されていた。イスラム教を創始した預言者ムハンマドも無類の愛猫家だったという。

多くの生物が絶えたタスマニア島に生き残るウォンバット

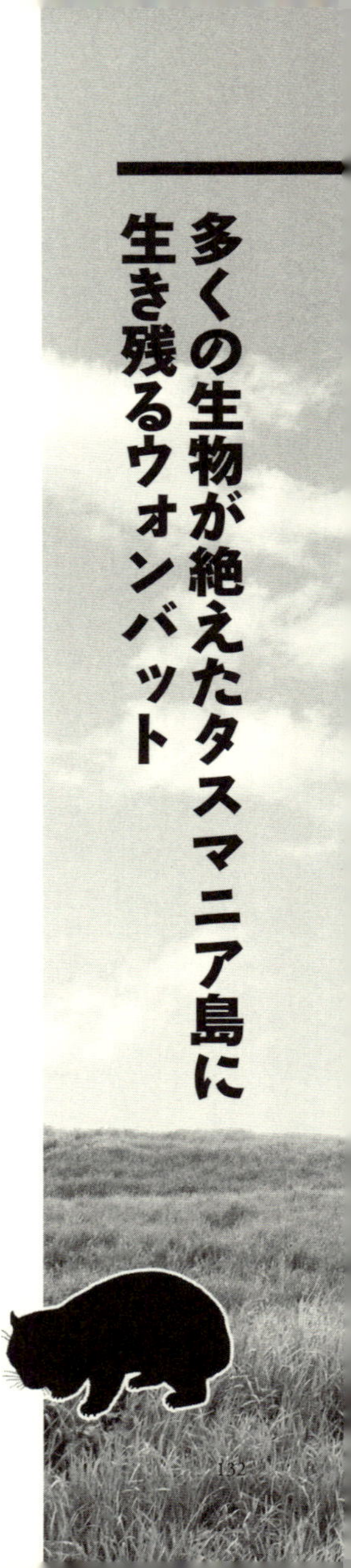

オーストラリア大陸や周辺は、孤立した島大陸なので、珍しい動植物が多く存在する。生息する哺乳類のうち、80%がオーストラリア固有の種だという。そのなかには、乱獲や白人の入植者が持ち込んだ外来生物との生存闘争によって、すっかり数が減ってしまった種もかなりいる。

オーストラリアの東南部やタスマニア島などに住むウォンバットは、その代表例だろう。一見、小型のクマのようにも見えるがコアラと同じく有袋類で、乾燥気候に適応した身体であり、穴掘りの達人だ。その牙は死ぬまで伸び続けるので、つねに固い樹などをかじって牙を削っている。また、四角いフンを排泄するという特徴があり、これは縄張りのマーキングに使うフンが転がってどこかに行くのを避けるためだという。

20世紀になり、人間がオーストラリア大陸に大量のヒツジやウシを持ち込むようになると、多くのウォンバットは食料となる草を奪われるようになった。しかも、農場や人間の生息地でも構わず穴を掘ったため、大量に狩られて激減。一時期は30頭ほどまでに減ってしまったそうだ。

タスマニアのマリア島国立公園に生息するウォンバット。

ウォンバットの生息地のひとつであるオーストラリア南部のタスマニア島は、とりわけ希少な動物や絶滅した動物が目立つ。その一例が、1936年に最後の1頭が死に絶えたフクロオオカミだ。体型や顔つきはイヌ科の動物とそっくりで、背中にしま模様があることから「タスマニアタイガー」とも呼ばれた。

じつは、タスマニアから消えた動物には「ヒト」もいる。3万人以上いたといわれる先住民のタスマニアン・アボリジニーは、白人による虐殺や外部から持ち込まれた疫病のため、1876年に絶滅した。頭蓋骨のみでなく全身そろった遺骨は、わずか5体分しか現存していない。

人為的に滅ぼされ、供養碑を建てられた巻き貝

　昔の日本の権力者は、たたりをおそれる心理から自分が滅ぼした相手でも大事に供養した。福岡県の太宰府市には政争に敗れて死んだ菅原道真を祀る天満宮がある。その太宰府市の少し南の久留米市には人為的に撲滅されたミヤイリガイの供養碑がある。

　ミヤイリガイは日本各地の小川に生息する淡水性の巻き貝で、体長は7ミリほどだ。その名は、寄生虫学者の宮入慶之助（１８６５〜１９４６年）の名に由来し、かつて広島県福山市北東部の旧神辺町片山に多く住んでいたことからカタヤマガイとも呼ばれる。

　日本各地には寄生虫によって引き起こされる風土病がいくつかあり、日本住血吸虫症もそのひとつだった。発熱、腹痛、肝硬変などの症状を招き、場合によっては命にもかかわるという。宮入慶之助は、この病気の原因となる日本住血吸虫の中間宿主が小さな巻き貝だと突きとめ、みずからミヤイリガイと命名したのだ。

　日本住血吸虫は、田植えの時期に農民が素足で田に入ると、ミヤイリガイの体から出て

久留米市のリバーサイドパークにある、ミヤイリガイの供養碑。

きて人間の皮膚から体内に浸入し、血管中に卵を産みつける。そこで、日本住血吸虫症を根絶するために、１９１５（大正６）年ごろから、田溝に石灰を散布したりコンクリートを張ったりと、ミヤイリガイの駆除が進められた。

昭和30年代から本格化し、貝が住めないように水田の水を抜いて果樹園に変えたり、自衛隊が火炎放射器で貝の生息地を焼き払うことまでしている。

２０００年3月には、ミヤイリガイの最終生息地とされた久留米市宮ノ陣町荒瀬の河川脇の公園内に、ミヤイリガイを供養する碑が築かれた。ただし、現在も山梨県と千葉県の一部地域には少数が生息しているといわれる。

各国が競い合って乱獲！「捕鯨オリンピック」でクジラが激減

今日でこそ国際的にクジラの保護がはかられているが、かつては各国がさかんに捕鯨を行なっていた。世界のクジラ漁の歴史はかなり古く、北極圏では紀元前１５００年ごろの遺跡からクジラの骨が発見されている。

ヨーロッパで本格的な捕鯨が広まったのは、現在のフランスとスペインにまたがるバスク地方で、10世紀のことだった。漁の対象になったのは体長13〜18メートルほどのセミクジラで、油脂は灯油に、ひげは傘の骨や鞭、女性の衣服のコルセットなどに使われた。イギリスでは、捕獲されたクジラの頭部はすべて国王に捧げられたという。

日本でも古来、岸に打ち上げられたクジラを捕まえていた。戦国時代の末期から、しだいに漁師が銛《もり》を用いてクジラを狩るようになる。日本の捕鯨が本格化するのは、江戸時代中期の寛政年間（18世紀末〜19世紀初頭）ごろだ。当時の日本では陸の獣の肉食は禁じられていたが、海獣は例外とされ、クジラは肉だけでなく、皮、内臓、軟骨なども食用にされた。さらに油脂は灯油にされ、骨やひげまでもれなく活用された。ひげの繊維は、たとえば、からくり人形を動かすばねに使われたりしている。

同じころ、アメリカ人も太平洋のマッコウクジラをさかんに狩り、その頭から取られる鯨脳油をろうそくの材料に使った。しかし、肉の部分はほとんど捨ててしまっていた。もったいない話である。幕末にアメリカ海軍のペリー提督が日本に開港を迫ったのも、西太平洋で活動する捕鯨船が物資を補給するための寄港地を求めていたからだ。

●クジラを狩る効率をアップさせた捕鯨砲と捕鯨工船

１８６４年、ノルウェーで網をつけた銛を火薬で撃ち出す捕鯨砲が発明された。それによって、体長20〜30メートルにも及ぶシロナガスクジラを狩ることが可能になり、以降は捕鯨砲を用いた近代的な捕鯨が世界的に拡大していった。

ノルウェーでは１９２４年に、船内にクジラの解体設備まで備えた捕鯨工船が開発され、それまでクジラを解体する中継基地が建設しにくかった南氷洋（南極海）でも、さかんに捕鯨が行なわれるようになった。

第二次世界大戦後には、日本やノルウェー、イギリス、ソ連など各国によって南氷洋での捕鯨競争が大々的にくり広げられ、「捕鯨オリンピック」ともいわれた。こうしたな

クジラを捕獲するためにつくられた捕鯨砲。

か、1960年に日本の捕鯨頭数はじつに1万3592頭にも達した。

とはいえ、それだけ各国が競うようにクジラを捕えると頭数は激減。シロナガスクジラやホッキョククジラなどは絶滅が危惧されるようになった。

1982年には商業捕鯨が全面的に禁止され、日本はクジラの生態や資源量などの科学的調査を目的とする調査捕鯨を今も続けているが、商業捕鯨の再開は国際世論が捕鯨反対のため、なかなか許されない。

ただし、クジラは海中の生態系の頂点に位置するので、人間がクジラを狩らずに自然増のまま放置していれば、多くの魚介類がクジラに食べられて減少してしまうともいわれている。

PART5

兵器利用された生きものたち

女王じきじきの叙勲も!?
軍功で勲章を与えられた動物たち

戦争に参加した動物の種類は幅広く、「勲章を与えられた動物」も数多い。

日本では１９３３（昭和８）年に、軍用動物の功労賞が創設された。それには甲、乙、丙の３ランクがあり、甲は戦場で功績を挙げた動物、乙は演習などで好成績を挙げた動物、丙は長期服務した動物に与えられた。

勲章は、イヌなら首輪、ウマなら額革、ハトなら足輪に付けられたという。甲の功労賞をはじめて授与されたのは、満洲事変に参加して戦死したと伝えられる軍用犬の「那智」と「金剛」（１４２ページ）だった。

イギリスでも、クリミア戦争での軍功によって、複数の軍用犬が、当時のヴィクトリア女王から直々にヴィクトリア勲章を叙勲されている。

さらに１９４３年には、軍功ある動物に贈られるディッキン勲章が制定される。ディッキン勲章の叙勲は、イギリス軍にかぎらない。有名な例では、アメリカ陸軍所属の「G・

Iジョー」というハトが叙勲された。第二次世界大戦中、連合軍はイタリアのコルヴィ・ヴェッキア村にいるドイツ軍に爆撃を行なう作戦を立てたが、ドイツ軍は早々と撤退し、村にいるのは味方のイギリス軍だけとなった。G・Iジョーがこの状況をアメリカ軍に伝え、1000人以上ものイギリス兵が難を逃れたという。

近年では、アメリカ海兵隊に所属していた「ルッカ」というイヌが、2016年にディッキン勲章を叙勲された。

ルッカはアフガニスタンに派遣されて400回もの作戦に参加して多くの兵を助けたが、爆弾で左の前足を失った。

退役後にルッカは、海兵隊員に引き取られ、カリフォルニア州で平穏に暮らしているという。

©Andrew69 2010

軍功を挙げた動物に贈られるディッキンメダル。

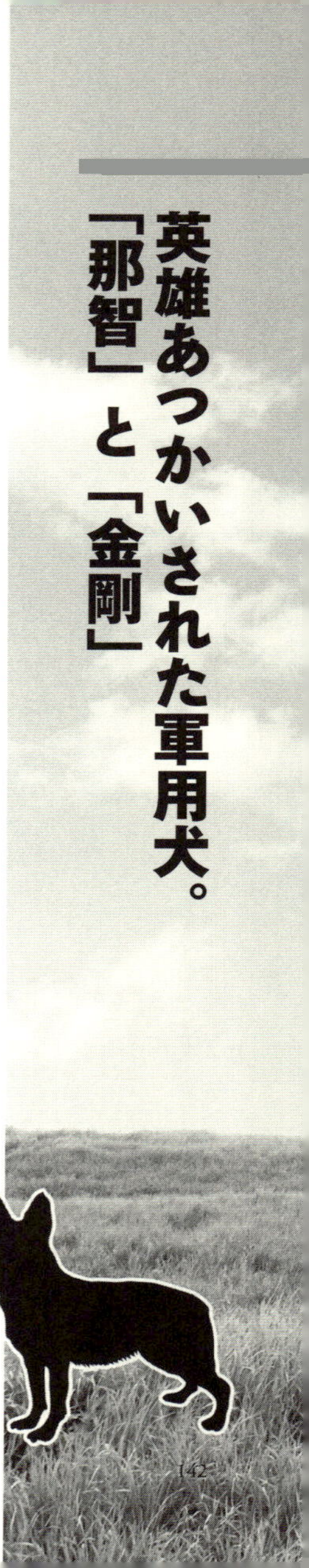

英雄あつかいされた軍用犬。「那智」と「金剛」

桃太郎はイヌ、サル、キジをお供にし戦った。実際に古来から戦争に使われてきた動物の代表格は、イヌ、ウマ、ハトだ。イヌは警備や追跡、ときには敵兵への攻撃にも使われ、ウマは移動や運搬を担い、ハト（伝書鳩）は遠距離通信に使われた。

なかでもイヌは人間にとって最古の家畜といわれており、じつに紀元前13年世紀ごろの西アジアのアッシリア帝国の絵画には、イヌを連れた兵士の図がある。

人間への忠誠心や、勇敢さを示したイヌの英雄物語は、古代から数多く存在する。ギリシアで紀元前４３１年に起こったペロポネソス戦争のとき、アテナイを中心とするデロス同盟軍と敵対したコリントスは、海岸線を守るために50頭のイヌを配備。敵が上陸して来ると、イヌたちは必死に抵抗したが、１頭のみを残して壊滅した。残った１頭は、事態が手遅れになる前にコリントス市民に敵軍の襲来を知らせたという。

軍用犬は数々の戦争に使われてきたが、近代に入るとその用途の専門化が進んだ。19世

紀末から20世紀には、敵を探る偵察犬、敵の侵入を警戒する歩哨《ほしょう》犬、前線に命令を伝える伝令犬、荷物や大砲などをを運ぶ運搬犬や牽引犬、通信網を敷設するための電線を運ばせる電信犬、負傷兵を助ける衛生犬など、多様な使われ方をするようになった。

日本で軍用犬の活用が意識されるようになったのは、第一次世界大戦の勃発後、ヨーロッパ各国での軍用犬の活躍が注目されてからだ。１９１９（大正８）年、千葉の陸軍歩兵学校に軍用犬班が設立され、本格的に軍用犬の育成がはじまった。

１９３１（昭和６）年9月に満洲事変が起こると、翌年には「帝国軍用犬協会」が発足し、公式な軍用犬には大型の外来犬であるシェパード、エアデール・テリア、ドーベルマンの３種類を用いることが定められた。これらの犬種は、現在の警察犬にも起用されている。

●戦死したのは「金剛」ではなく「メリー」だった?

当時の日本でイヌの英雄として有名になったのが、軍用犬の「那智」と「金剛」だ。この２頭とさらにもう一頭の「メリー」は、陸軍歩兵学校の軍用犬主任だった板倉至大尉とともに、満洲に駐留する関東軍に赴任した。満洲事変の勃発後、板倉と３頭のイヌは夜間戦闘に参加したところ、偵察や伝令に出された３頭とも行方不明になってしまった。後日、銃撃を受けた那智とメリーの遺骸が発見される。２頭は手厚く葬られ、金剛も戦死したものと判断された。ほどなく、3頭の主だった板倉大尉も戦死してしまう。

この話は、国のために命を捧げた忠犬の美談として広まったが、なぜか発見されなかったのはメリーだったという内容になり、那智と金剛は軍から表彰された。さらに、板倉大尉の遺族が住む逗子には、民間からの寄付金によって那智と金剛の慰霊碑まで築かれた。

靖國神社内にある軍犬慰霊像。ジャーマン・シェパードが象られている。

那智と金剛の名が広まったのとほぼ同時期には、「忠犬ハチ公」の話もさかんに報道された。

東京帝国大学の農学教授を務めた上野英三郎の愛犬ハチが、教授の死後も、渋谷駅で主の帰りを待ち続けたというエピソードだ。ハチは1935（昭和

10）年に死去したが、那智と金剛の話とあわせて忠犬物語の典型となった。
後に日中戦争、さらに日米開戦と戦線が拡大してゆくと、民間の多くのイヌが軍に徴用され、戦地へ送られた。そして那智と金剛のような軍用犬の英雄物語が次々と生まれた。だが、帰国を果たせず戦死したり、前線に起き去られたりしたイヌも少なくなかった。供出されたイヌのなかには、軍用犬としてではなく毛皮用に供出された種もあった。ただし、毛皮用にされたイヌには駆除された野犬もかなり含まれていた。

先に触れた帝国軍用犬協会は、日本の敗戦とともに解体された。しかし、元会員の多くは、１９４７（昭和22）年に発足した「日本警察犬協会」に参加し、シェパードなどの大型犬の飼育や専門的な訓練のノウハウは警察犬の育成に活かされていった。

イヌに対してネコが公式に軍用に使われた例はきわめて少ないが、歴史上には戦地でネコが活躍したエピソードもいくつか存在する。

たとえば、第一次世界大戦中、ベルギー陸軍第3砲兵連隊のルター中尉は、自分が飼っていた「ピトゥチ」という白ネコとともに偵察に出かけた。中尉が砲撃でできた穴に隠れて周囲をうかがっていたところ、3人のドイツ兵が様子を見に来たが、ピトゥチが飛び出して襲いかかった。結局、「なんだネコか」と思ってドイツ兵は歩き去り、中尉は難を逃れたという。

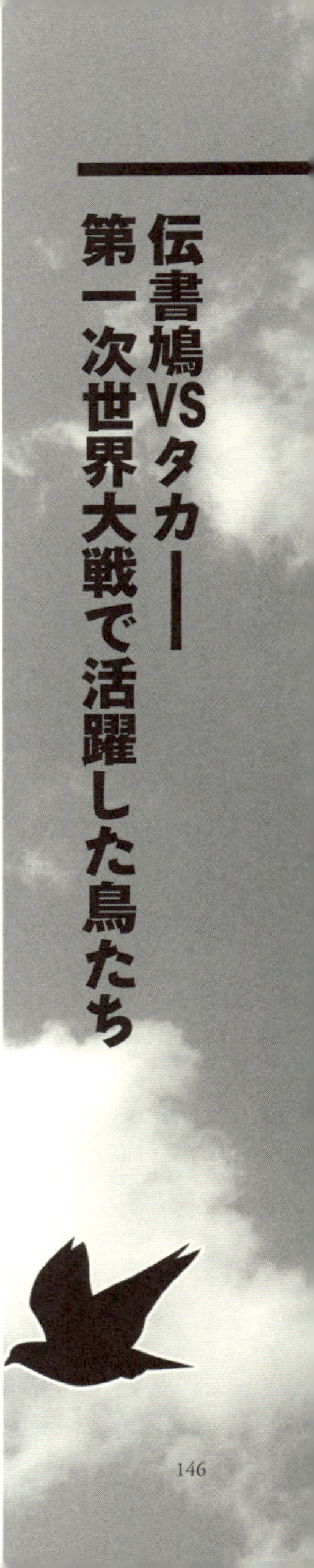

伝書鳩VSタカー
―第一次世界大戦で活躍した鳥たち

俗に、平和主義者は「ハト派」、戦争に積極的な人は「タカ派」という言い方があるが、第一次世界大戦ではハトもタカも両方戦場にいた。軍用通信のために伝書鳩が放たれ、一方では伝書鳩を狩るためにタカが使われたのだ。

ハトは休むことなく１００キロも飛行することが可能で、遠く離れた場所で放たれても、もとのすみかに戻ってくる帰巣本能がある。

そのため伝書鳩は、古くから通信手段として用いられてきた。古代ローマ帝国では、紀元前58～51年にユリウス・カエサルが西欧へ遠征したガリア戦争において、ハトによってガリア各地の戦況を把握し、ローマへ戦勝の報告も行なったという。

それ以降も、伝書鳩はたびたび戦争に駆り出された。近代に入ると、新しい通信手段として電信機や電話や無線が発達する。しかし、都市部から遠く離れた戦場では電線が敷設されていない場合もあるうえに、軍隊が自分で電線を敷設しても敵軍によって切断されることが多い。さらに、無線は敵に傍受されてしまうおそれもあった。そうなると、やはり重要な通信はハトに託された。

1870年に起こった普仏戦争で、プロシア軍が電信を連絡に多用したのに対し、フランス軍は360羽もの伝書鳩を使い、のべ15万件以上もの通信を行なった。

伝書鳩の霊を慰める、靖國神社の「鳩魂塔」。

ただし、無事に生きのびたハトはわずか57羽だったという。

戦争の最終局面でパリは4カ月にわたってプロシア軍に包囲されたが、フランス軍は降伏するまで、こっそりと気球でパリ市外に伝書鳩を運んで放つという方法で外部との連絡をとり続けた。

伝書鳩の副産物といえ

るのが、遠隔地からハトを放って帰ってくるまでの速度を競う「鳩レース」だ。これは19世紀のヨーロッパで広まり、ひとたび戦争になったときには優秀な伝書鳩となるハトを育成する手段にもなった。

20世紀に入ると、ハトにカメラを装備させて空中から写真を撮影する方法も考えられた。シャッターはタイマー式なのできちんと撮影できるかは運任せだが、航空機が本格的に普及する前の段階では画期的な技術だったといえる。ハト用のカメラは重量が30～75グラムと小型で軽量なもので、後に空撮用のスパイカメラの発展に寄与した。

●伝書鳩の妨害に破格の罰金!?

1914年に第一次世界大戦が勃発すると、交戦国の間では1918年に戦争が終結するまで、30万羽以上ものハトが使われたとされる。ドイツ軍は連合軍の通信施設を占領すると、たびたびニセの電報を発して敵を混乱に陥れようとした。しかし思ったほどの効果は上げられなかったという。連合軍の伝書鳩によって、正確な情報が送られていたからだ。

小柄なハトは、たびたび機銃掃射をくぐり抜けて飛び去った。そこで冒頭にも触れたように、ドイツ軍では伝書鳩を狩るためにタカを放つという方法も取った。

じつは、第一次世界大戦が起こる10年前の日露戦争でも、同じアイデアが検討されたことがある。日本の陸軍はロシア軍が築いた強固な旅順要塞に大いに苦戦した。要塞に立てこもる司令官のステッセル中将は、要塞の外で軍を指揮するクロパトキン大将と伝書鳩で連絡を取っていた。そこで、宮内省から腕ききの鷹匠を招き、タカを放って敵のハトを狩ることが計画されたが、実戦では敵の放つハトの動きが予想できないのでうまく行かないと判断され、実行されなかったという。

戦争中、味方の伝書鳩の飛行を邪魔しては、敵を利する行為になった。そこで、第一次世界大戦中のイギリスでは、伝書鳩の殺害や妨害を行なうと、懲役6カ月ないし罰金100ポンドが課されたという、これは当時の労働者の年収に匹敵する金額である。

第二次世界大戦でも伝書鳩は多用された。

アメリカでは日米開戦前から、鳩レース関係者に政府への協力を宣誓させ、開戦後には多くのハトを供出させている。ヨーロッパでは、フランスをはじめとするドイツ軍の占領地で活動するレジスタンスに、パラシュートでかごに入った伝書鳩が投下され、連合国側との通信に活用された。

日本側もアジアや太平洋各地の戦線で伝書鳩を通信に多用したほか、「国防鳩隊」を組織して空襲によって各地の通信網が破壊されたときに備えた伝書鳩リレー網を築いた。しかし、大戦末期に空襲による鳩舎の焼失などにより壊滅したのだった。

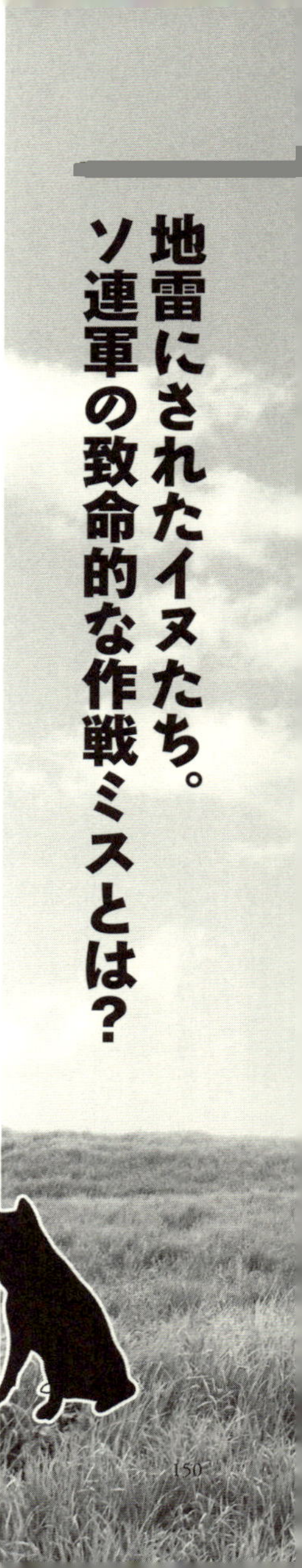

地雷にされたイヌたち。ソ連軍の致命的な作戦ミスとは？

戦車の装甲は非常に厚くて固いが、車体の底は案外もろい。そこで、第二次世界大戦中の日本軍では、兵士が地雷を持って戦車の下にもぐりこんで自爆するという特攻戦術も使われた。ソ連軍も似たようなことを考えたが、日本と違っていたのは、人間ではなく訓練したイヌを使おうとした点だ。

ドイツ軍がソ連に侵攻した１９４１年、ソ連軍が開発した「地雷犬」（対戦車犬）は、犬の胴体に付けたハーネス（胴輪）に爆弾をくくりつけたものだ。イヌは戦車の下にある食べ物を取るように訓練され、戦車を見ればその下に食べ物があると思い込むようになった。

この地雷犬、実戦では多くの兵を恐怖させた。ただし味方のほうだが……。イヌたちはソ連軍の戦車で訓練を受けていたので、たびたび敵軍ではなく自軍の戦車に突っ込んでいったのだ。しかも、身に付けていた地雷は何かに触れればすぐ起爆する仕組みだったので、自軍の陣地内でも、木や岩に触れればすぐに爆発した。

ソ連の学校で訓練されている犬。

そもそも、イヌは敏感なので騒音や爆風が絶えない戦場ではすぐパニックに陥り、まっすぐ敵軍のほうに進まず、でたらめな方角に走ることも少なくなかったという。

はじめのうちは一定の戦果を挙げたが、ドイツ軍側はイヌが近づいて来たら機関銃や火炎放射器で狙い撃ちにするという対抗策をとるようになった。

そんなわけで、戦果はほとんどなかったが、軍事マニアの間で地雷犬はそこそこ知名度が高い。

ロシアの模型メーカーであるズヴェズダ社からは、なんと「ソ連軍タンクハンター（対戦車兵）&地雷犬」のプラモデルが発売されている。

史実か？ 伝説か？
源平合戦の「火牛の計」

日本でもっとも有名な動物兵器のエピソードは、平安時代の末期、木曽義仲こと源義仲（1154〜1184年）が倶利伽羅《くりから》峠の戦いで使った「火牛の計」だろう。

1183（寿永2）年、源氏と平氏の争いが激化するなか、義仲は越中（現在の富山県）と加賀（現在の石川県南部）の境にある倶利伽羅峠で、平維盛《これもり》が率いる約10万の大軍を迎え撃った。このとき、義仲は夜半に400〜500頭もの牛の角に松明《たいまつ》をつけ、4万人あまりの軍勢とともに平氏の陣に突入させた。奇襲に驚いた平氏の軍勢は、混乱して人馬もろとも渓谷に突き落とされて壊滅。その谷は地獄谷と呼ばれるようになったという。

以上の武勇伝は鎌倉時代に成立した『源平盛衰記』によりよく知られ、現在の石川県津《つ》幡《ばた》町には、このときの牛を供養する「牛舞坊《うっしゃいぼう》」という舞いが伝えられている。ところが、じつは同じく源平の争いを伝える『平家物語』に火牛の計の話はいっさい出てこない。

果たして義仲による「火牛の計」は史実なのか、信ぴょう性が疑われている。前漢の司

石川県津幡町の、倶利伽羅源平の郷にある火牛の像。

馬遷（前145ごろ～前86年）が記した『史記』では、田単《でんたん》という斉国の武将が「火牛の計」を用いたと記されているので、その話が元ネタだったのではないかともいわれている。

「火をつけた獣の群れを敵にぶつける」という発想は、古代の西洋にもあった。紀元前280年、ギリシア北部のエピロス市と新興勢力のローマ市が戦争になったときには、エピロス軍の率いる戦象に対し、ローマ軍は火を点けたブタの群れを放ったという。

ブタはすさまじい悲鳴を上げて暴走。繊細な動物であるゾウはすっかり混乱して恐怖心にとらわれ、コントロールが効かなくなってしまったそうだ。

酒もたしなんだポーランド軍のマスコット、クマの「ヴォイテク」

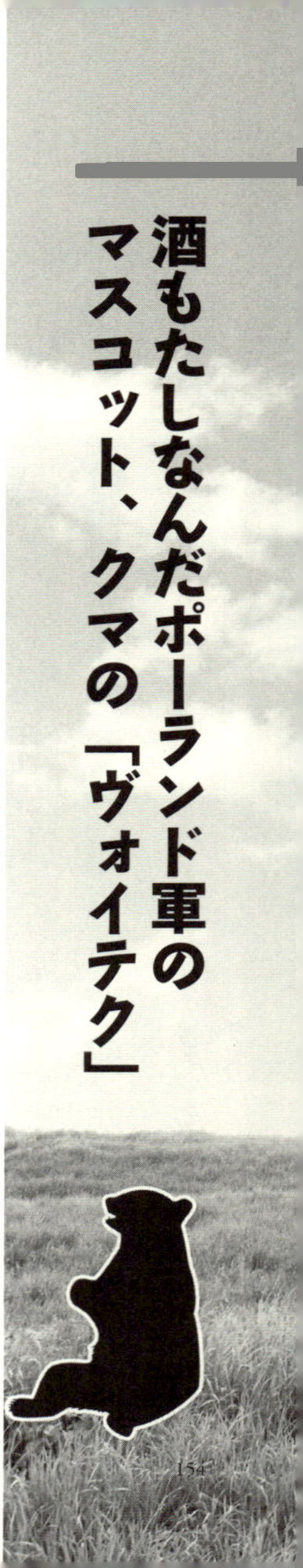

従軍した動物には、しっかり軍人としての階級を与えられたものもいた。その有名な例が、第二次世界大戦中のポーランド軍の第2軍団にいたクマの「ヴォイテク」だ。

１９４２年、ソ連国内で組織されたポーランド軍は、エジプトでイギリス軍と合流するためにイランを出て、西へと進軍していた。この途中で親のない小グマだったヴォイテクは、現地の少年からポーランド第2軍団第22弾薬補給中隊に引き取られ、部隊のマスコットになる。ヴォイテクという名は「陽気な戦士」という意味だという。兵士たちは大いにこのクマを可愛がり、ハチミツやシロップ、さらにはビールなどのお酒も与えた。

１９４４年に部隊がイタリアに転戦すると、単なるペットは連れて行けないため、ヴォイテクは正式に兵士として登録されてポーランド軍の二等兵となる。イタリア戦線で屈指の激戦となった「モンテ・カッシーノの戦い」のとき、ヴォイテクは荷運びの仕事も手伝い、第22弾薬補給中隊は「砲弾を運ぶクマ」を公式のシンボルに採用した。

終戦後、第22弾薬補給中隊はイギリスに駐屯。ヴォイテクはそのままエディンバラ動物園に引き取られて人気を集め、1963年まで生きた。

ヴォイテクのほかにも、各国で「部隊のマスコット」として従軍した動物は多い。第一次世界大戦中のイギリス軍では、けがをしたロバを治療して部隊で飼ったり、第二次世界大戦中のアメリカ軍では、部隊で飼われていたサルが兵士のまねをしてウマにまたがって見せたり、といった例が多数ある。

こうしたマスコット動物たちは、兵士たちと苦楽をともにしながら、ときには戦場の空気をなごませ、士気の維持にも寄与した。

ポーランド兵とヴォイテク。

敵艦を確実に撃破？ ウミホタル照明弾が開発されていた！

第二次世界大戦の末期、物資が不足していた日本の陸海軍は、使える物ならとにかく何でも使った。たとえば、ガソリンの代わりに松の木から油脂分を集めた「松根油《しょうこんゆ》」というバイオエタノールを開発。航空燃料に使おうとしたが品位がかなり低く、実用化されなかったという。

それと同じようなバイオ素材による珍兵器といえるのが、「ウミホタル照明」だ。ウミホタルとは、日本の近海のみに生息する体長3ミリほどのミジンコのような甲殻類の一種で、発光物質を分泌し、刺激を受けるとホタルのように青白く光る。

光る生き物なら、チョウチンアンコウやホタルイカなどさまざまな種がいる。だが、驚くべきなのは、ウミホタルの死骸を集めて乾燥させたうえで湿気のない場所で保存しておくと、何十年も経った後でも水をかければ発光するという点だ。つまり、電気がなくてもいつでも照明の代わりになる。光は微弱で、遠くからは発見されにくい。

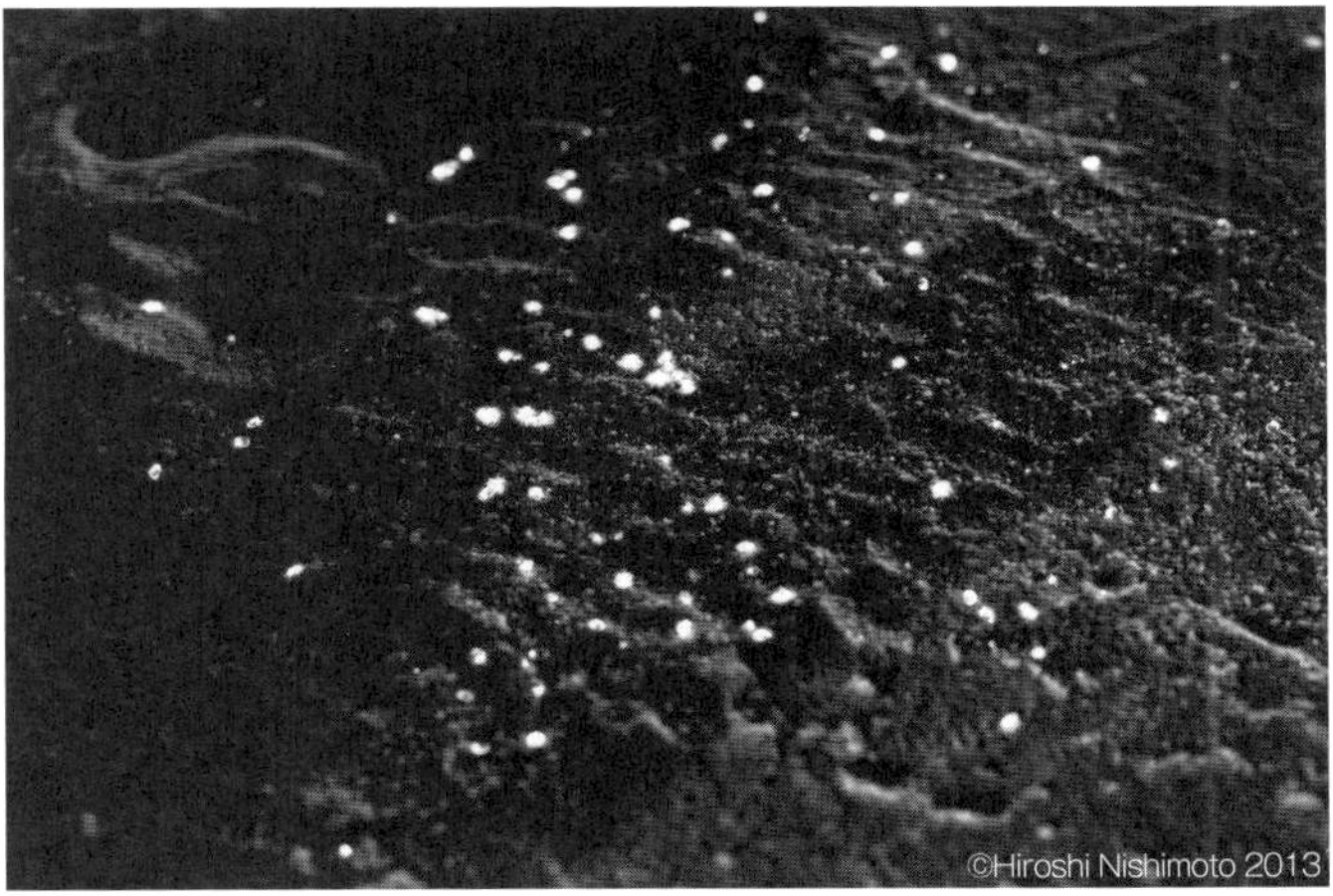

発光するウミホタル。

そんなわけで、日本の陸軍はウミホタルの粉末を夜間の行軍の目印に使った。発光生物学の専門家で戦時中はシンガポールの博物館に勤務していた羽根田弥太氏によると、この粉末の使用説明書には「暗夜のジャングルなどで光がほしいときは、粉末少量に水をかけよ。水のないときは小便でもよい」とあったという。

さらに、特攻機が夜間に敵艦を確認するために、ウミホタルの粉末を使った照明弾を開発し、終戦直前に実用化したとされるが、実戦に使用されたかは不明だ。

なお、ウミホタルは刺激を受けないと発光しない。このため、水族館により飼われているものは電気ショックなどにより無理やり光らせているのだという。

強力な戦象をものともしなかったアレクサンドロス大王

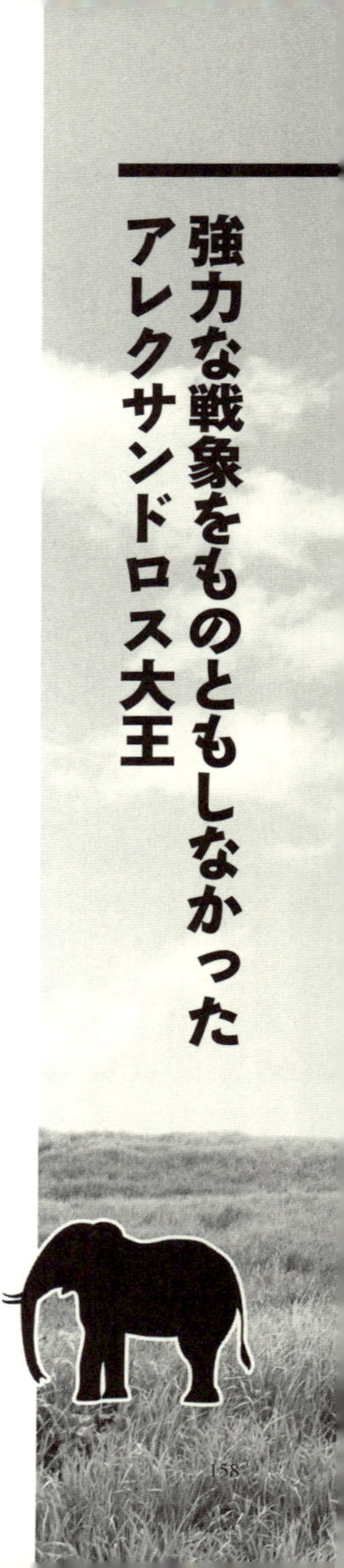

巨体で敵兵を踏みつぶして進む軍用のゾウ、すなわち戦象の歴史は古い。インドや中東などでは紀元前１１００年ごろから使われていたという。

ゾウは南方の動物というイメージがあるが、古代の中国にも戦象がいた。歴史書『春秋左氏伝』には、春秋戦国時代の紀元前５０６年、楚国の昭王が敵対する呉国の軍勢に向けて尾に火をつけた象を放ったという記述がある。

戦象の利点は巨体が生みだす強い力だけではない。ゾウに乗れば遠くまで見渡せるので、敵を警戒するのに有利だった。象に訓練を施して長い鼻で騎兵をつまんで投げたり、牙を切り取って代わりにするどい剣を装備させることもあった。

とはいえ、戦象は無敵だったわけではない。

古代マケドニア王国のアレクサンドロス大王（前３５６～前３２３年）は、西アジア遠征でインドのパンジャブ地方へ侵攻したとき、数万の歩兵に加えて３００頭の戦象を有す

ハンニバルの進軍路

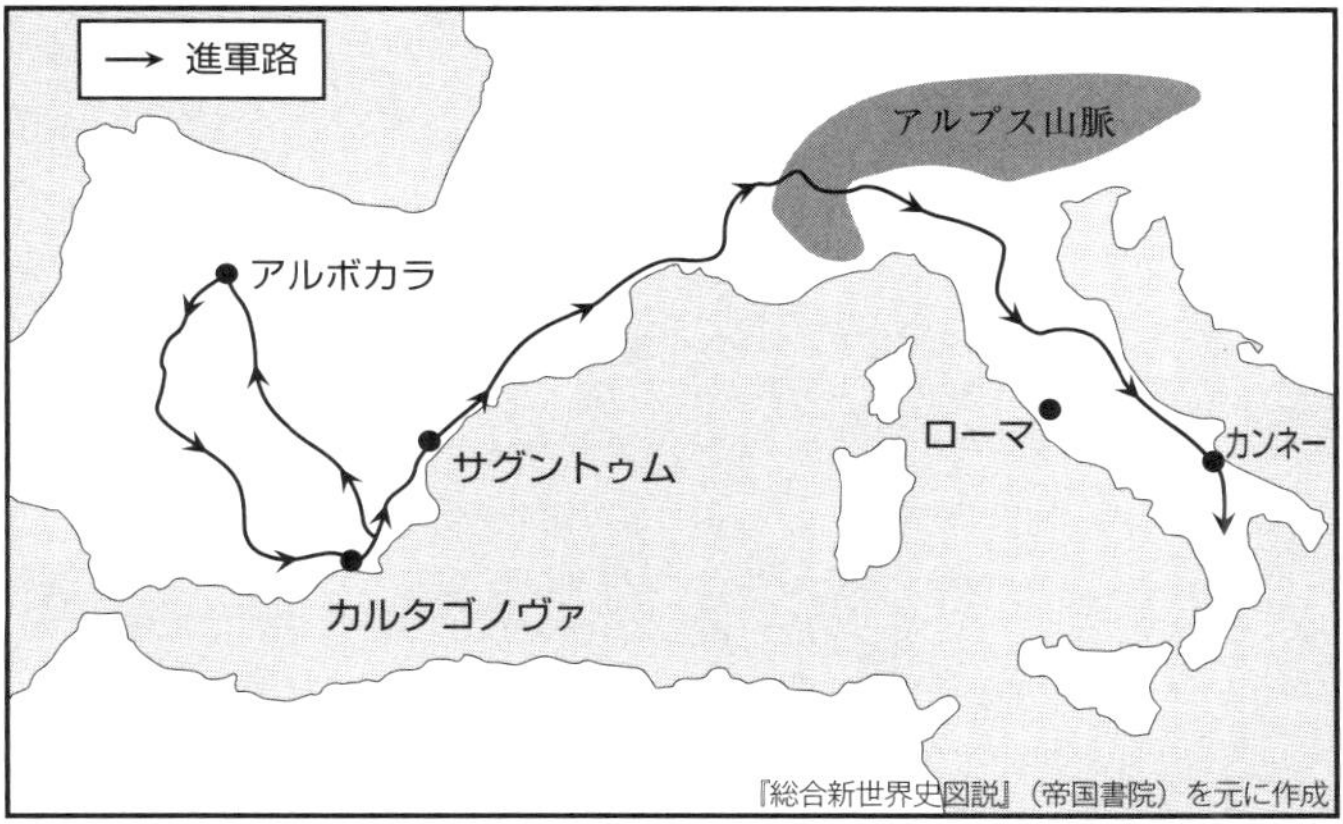

ハンニバルはアルプス山脈を越え、イタリア半島へ侵攻した。

るポロス王と対戦。アレクサンドロス大王の軍は戦象の攻略に慣れており、遠くから弓を放つと、矢傷を負って苦しむゾウは暴れ狂って味方の軍までも蹴散らし、ポロス王の軍勢はあえなく敗れた。

戦象がローマ帝国を脅かしたこともある。紀元前3世紀のポエニ戦争では、北アフリカのカルタゴが生んだ名将ハンニバル（前247～前183年）が、イベリア半島からはるばるとアルプス山脈を越え、5万の歩兵、9000の騎兵、37頭の戦象を連れてイタリア半島へ攻め込もうとした。

しかし、雪山を越えるのはさすがにきびしかったようで、戦象はわずか1頭しか生き残らなかったという。

軍馬育成のため陸軍が競馬を管理していた？

戦国時代に、武田信玄（1521〜1573年）が誇った騎馬隊は、大河ドラマなどで描かれるような勇壮なイメージとはほど遠く、実際にはポニーのような小型馬に乗っていたといわれる。日本では弥生時代からウマが利用されていたが、日本在来の品種は海外の品種に比べて体格も小さく非力だったのである。

古来から各国では、すぐれた軍馬を入手しようとしてきた。紀元前2世紀、前漢の武帝は「汗血馬《かんけつば》」と呼ばれる中央アジアの名馬を手に入れるため、わざわざ遠征軍を送ったほどだ。だが、国土が狭い日本では長らくウマの質にはあまりこだわらなかったようである。幕末期、江戸幕府は軍事指導を受けていたフランスから、競走馬や軍馬の主流となっているアラブ種のウマを寄贈されたが、幕府は軍馬の改良に真剣に取り組もうとはしなかった。

とはいえ、明治維新後に近代的な陸軍が整備されると、軍馬の育成は重要な課題になった。現代でこそ獣医といえばイヌやネコなどのペットを相手にすることが多いが、じつは

サラブレッドと日本在来馬の体格比較

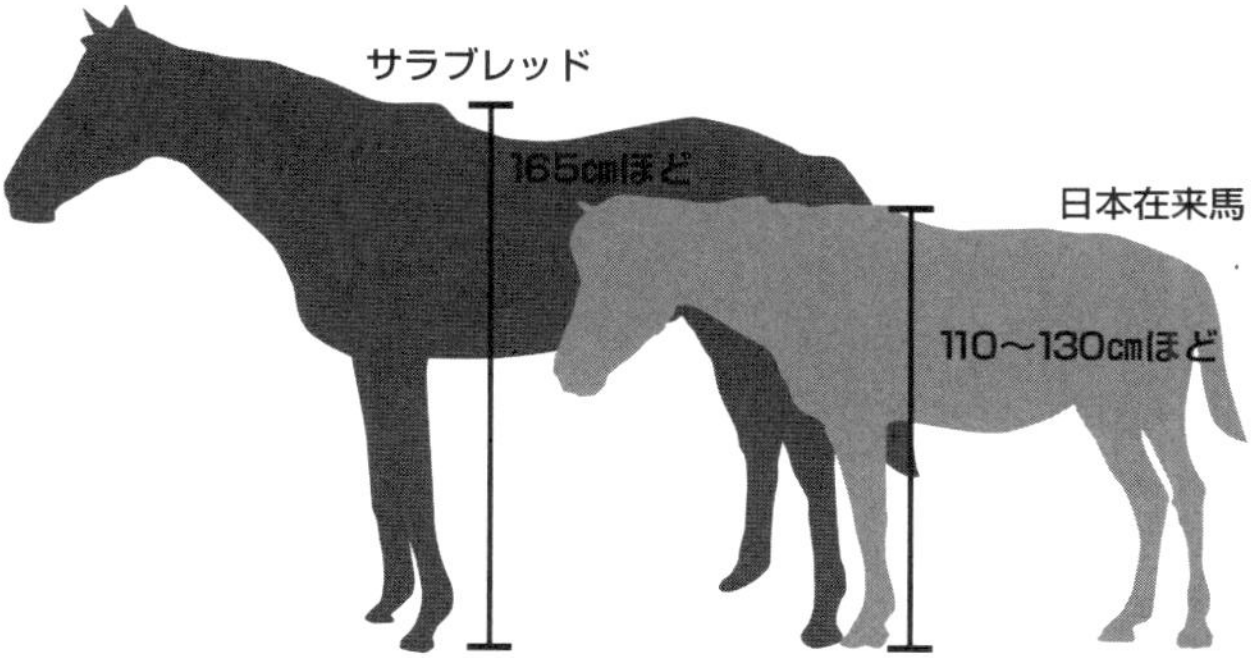

日本在来馬は、サラブレッドに比べ大分体格が小さい。

日本の獣医学は軍馬のケアから発展したといえる。

１８７３（明治６）年、陸軍兵学寮（士官学校の前身）では、獣医を養成するための馬医生徒15名を募集。さらに翌年には、当時もっとも獣医学の進んでいたフランス陸軍から講師を招いている。

日本で軍馬の改良が本格的に意識されるようになるのは、ようやく明治時代の後期になってからだ。これは１８９４（明治27）年の日清戦争、１９００（明治33）年に起こった北清事変こと義和団事件、１９０４（明治37）年の日露戦争などで、外国の軍隊と接するようになったことが影響している。

競馬で主流のサラブレッドは体高が

165センチメートルほどなのに対し、日本在来馬は110〜130センチメートルほどしかない。しかもサラブレッドに比較すると、脚が太く短く、あまり格好がよいとはいえない見た目だ。

陸軍の獣医だった菊池正助は、著書の『軍馬の研究』で、日本の軍馬は体格が小さいばかりでなく、「従順ならず、噛み蹴り合い、取扱い容易ならず」、「我が畜産業の欧州列国に比し幼稚なる結果」とまで書いている。なんともひどい評価だ。

日露戦争でロシア軍は中央アジアの大平原で鍛えられたコサック騎兵を大いに活用した。それに比べて、狭い島国で育った日本のウマはいかにも力不足だった。そこで、日露戦争後には内閣直属の「馬政局」が設置され、陸軍や農商務省によるウマの改良が進められる。

●陸軍指導の「愛馬映画」には後年の巨匠も参加

より強いウマの育成を奨励する手段として、競馬の振興がはかられた。しかし、競馬開催の資金を得るために政府が馬券の販売を黙認したところ、八百長などのトラブルが横行。馬政局は1910（明治43）年に内閣から陸軍省の管轄に移された。このため、陸軍が競馬の不正を取り締まるという、現代から見ればいささか奇妙な事態になる。

競馬の盛り上がりとともに、日本国内でもしだいに力のあるアラブ種などのウマが利用されるようになった。それでも、第一次世界大戦を期に戦車や航空機が実戦に投入されるようになると、軍隊での軍馬の重要性は低下し、昭和の初期に馬政局は一度廃止された。

ところが、1931年に満洲事変が起こると、陸軍ではふたたび軍馬育成の重要性が課題になる。何しろ、広大な中国では移動や輸送にウマが欠かせなかった。こうして農林省の外局という形で馬政局が復活。その次長を陸軍の士官が務めるようになる。

馬政局による軍馬の育成では、積極的に洋種の種馬が導入されたり、在来馬の去勢が行なわれた。この結果、日本の在来馬は激減してしまった。

だからといって、軍もただウマを道具あつかいしていたわけではない。明治天皇がウマの改良を命じたという4月7日を「愛馬の日」と定めて各種のイベントを開催した。そのほかにも、『愛馬進軍歌』という軍歌を広めるなど、軍人と国民に愛馬精神を植え付けようとした。

1941年には、陸軍省の指導のもと『馬』という映画がつくられた。東北の農村で大事に育てられたウマが最終的には軍馬として徴用されるという内容で、戦後に名監督として知られる黒澤明も製作主任として参加している。

現在の日本では、北海道和種、木曽馬、野間馬、対州馬、御崎馬、トカラ馬、宮古馬、与那国馬の8種類の日本在来馬が生きのびているが、総数は2000頭ほどしかいない。

ローマ帝国軍を恐怖させた最小の動物兵器とは？

２０１５年３月、イラク中部を実効支配する武装集団の「ＩＳＩＬ」は、バクダットの北方にあった古代都市ハトラの遺跡を破壊した。同地は古代にはセレウコス朝シリアの要衝として栄えたが、１９８年にローマ帝国の侵攻を受け、おそろしい戦場となった。

このとき、ハトラの人々はローマ帝国軍の兵士たちに、生きたサソリを詰めた陶器の壷を投げつけた。ローマ兵は次々と猛毒を持つサソリに襲われたうえに、容赦なく照りつける日ざしに体力を奪われてすっかり弱ってしまう。何しろイラクでは、夏季の最高気温は50度にもなるのだ。結局、ローマ帝国軍は撤退を余儀なくされた。

ハトラの人々が使ったサソリがどのような種類だったのか、正確な記録は残っていない。サソリといえば強力な毒を持つイメージが強いが、世界で１０００種類を超すサソリのうち、人間を殺せるほどの猛毒を持つものは25種類しかいない。

その理由は、サソリは本来、自分と同じくらいの大きさの虫などを捕食しているので、

古代都市ハトラのあるイラクとその周辺国

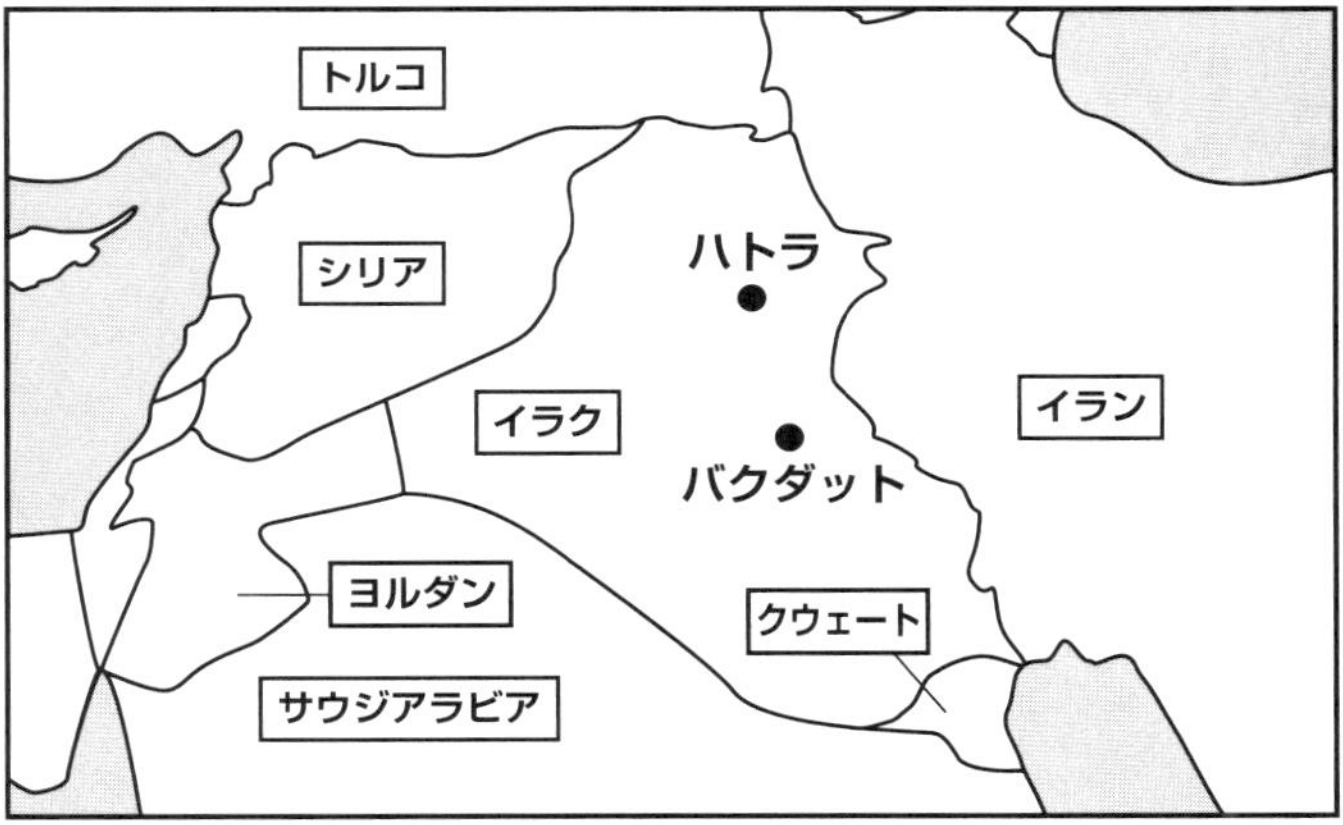

ハトラは、イラクの首都バクダッドの北方に位置する。

それほど大きな敵を相手にする必要がなかったためだといわれる。

ただし、ハトラをはじめとする中東一帯には、サソリのなかでもっとも強力な毒を持つオブトサソリ（デスストーカー）も生息する。

近代に開発された細菌兵器を別にすれば、ハトラの「サソリ爆弾」は最小の動物兵器に分類されるだろう。

サソリのように毒がなくとも、小さな虫が大群になれば恐ろしい被害を生むことがある。

アジアでは古来、穀物を食い荒らすイナゴの大量発生（蝗害）がおそれられてきたが、古代の中国では蝗害のため戦争が中断されたこともあったという。

ナイフや爆弾を備えさせることも!?
幅広く軍事利用されたイルカ

古代から多種多様な動物が戦争に使われてきたが、海洋哺乳類は比較的ニューフェイスだ。はじめて使われたのはアザラシで、第二次世界大戦中の１９４２年だ。スウェーデン海軍は、ドイツ軍の潜水艦との戦闘を想定して、アザラシの背中に磁気に反応する機雷を取り付け、軍艦の下を泳ぐように訓練したという。

海洋哺乳類の軍事利用が本格的に研究されたのは、米ソ冷戦時代の１９６０年代からだ。アメリカ海軍が進めた「海洋哺乳類計画」では、シロイルカやシャチ、ゴンドウクジラ、アシカ、アザラシなどが活用された。その目的はダイバーの救助や、イルカの口の中にカメラを入れて、機雷や海中に落ちたミサイルを探知することだ。

とくに多用されたのはイルカだった。なにしろ知能は高く、人間のダイバーよりはるかに自由自在に泳ぎ回り、暗く濁った海中でも超音波によって敵や障害物を探知できる。

アメリカ海軍が訓練したイルカは、ベトナム戦争でカムラン湾の警戒水域の警備や、イラン・イラク戦争が続いていた80年代には中東のペルシャ湾での機雷の掃海に投入された。80年代当時には、海軍の海洋哺乳類計画に800万ドル（当時のレートで約16億円）が投入され、100頭を超える海獣が飼育されていたという。しかし、動物愛護団体からの非難もあり、冷戦体制が崩壊した90年代に入ると計画は縮小された。

ソ連ではイルカの頭部にナイフを付けて敵兵を殺傷したり、爆弾を付けて特攻させたりする研究も行なわれていた。これはのちに資金難のため打ち切られたが、一部はウクライナ海軍に引き継がれた。2000年にイギリスのBBCニュースが報じたところによれば、ロシア海軍の保有していたイルカやアシカはイランに売却されたという。

●退役イルカに代わって今後は「水中ドローン」が登場？

警察犬や軍用犬と同じく、軍用イルカの飼育でも大きな問題となったのは、「退役」後のあつかいだ。

軍用イルカは養殖魚のように細かく仕切られた飼育場で暮らしてきたため、広い自然の海に放しても、自力で生きられる保証はない。そもそも、イルカは社会性動物であり、それまで属していた群れを離れて生きるのが難しい。要するに、軍隊になじみ過ぎた元兵士が社会復帰に困るのとまったく同じなのだ。

幸い、なかには平和的な再就職先を得た例もあったようだ。イルカと一緒に泳ぐことで心身を健康にするドルフィンセラピーがある。ソ連海軍が訓練したウクライナのイルカは、その後ドルフィンセラピーのためのイルカとして、アメリカの自閉症の子どもの治療に使われるようになったという。軍用イルカは人間に慣れているだけに、適任だったかも知れない。

訓練をしているイルカ。

2013年、アメリカ海軍は2017年までに軍用イルカの任務を小型の無人機雷探索艦に置き換える「ナイフフィッシュ計画」を発表した。

しかし、予想外に無人機の開発に時間と費用がかかっているようで、なかなか実現しない状態が続いている。

PART6

生きもののはじめて物語

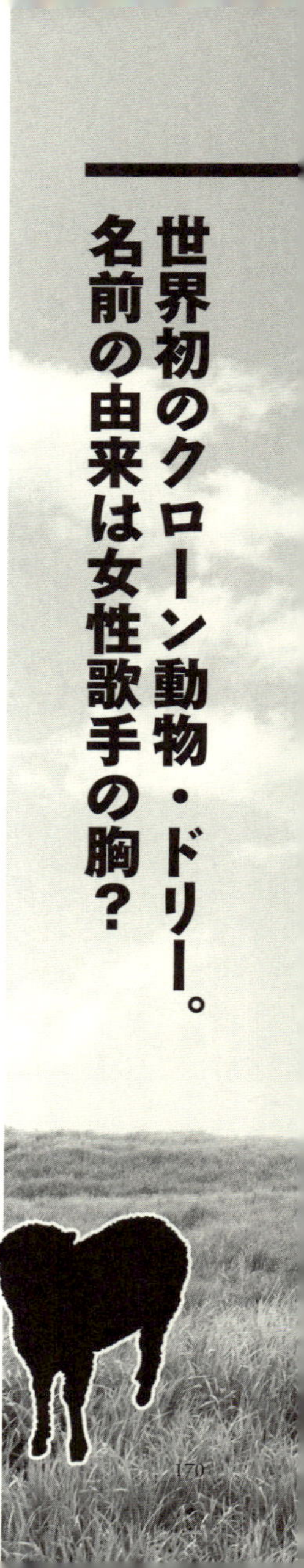

世界初のクローン動物・ドリー。名前の由来は女性歌手の胸？

人間の遺伝子を採集して利用すれば、もとの人物とそっくりな人間を生み出せるという「クローン技術」は、ＳＦでは古くから知られていた。このクローン技術の実験で、哺乳類ではじめての成功例となったのが、１９９６年に生まれた雌ヒツジの「ドリー」だ。

ドリーは、もとになった別個体のヒツジの乳腺の細胞を、また別の代理母のヒツジの子宮で育てることにより生まれた。ネーミングは、乳腺の細胞から生まれたことから、アメリカのシンガーで豊かなバストを持つドリー・パートンの名を拝借したという。

誕生後、華々しく注目を浴びたドリーだが、興味本位の報道も多く、「ドリーは肉食でほかのヒツジを食い殺している」と書いたアメリカの新聞もあったという。

こうしたなか、ほどなく大きな問題が浮上する。生物の遺伝子の集合体である染色体の両端にはテロメアという部位があり、老化とともに短くなるが、ドリーは生まれつきテロメアが短かかった。このため「クローン生物は短命なのか?」という議論が起こる。

スコットランド国立博物館に展示されているドリーの剥製。

ヒツジの平均寿命は10～12歳だが、ドリーは6歳のヒツジの細胞から生まれたので、最初から細胞が6歳分だけ老いていると考えられたのだ。

ただし、ドリーは目に見えて老化が早いわけではなかった。2003年にドリーは6歳あまりで死んだが、それは肺の病気を起こしたうえでの安楽死だ。

ドリーを生みだしたイギリスのロスリン研究所は複数のクローンヒツジを生み出しているが、それらの寿命は通常のヒツジとあまり変わりがなかった。

16年7月には、イギリスのノッティンガム大学が「クローンだから短命となるわけではない」という研究発表を行なっている。

元禄期にはじまったフカヒレ生産。幕府が安値で買い上げていた？

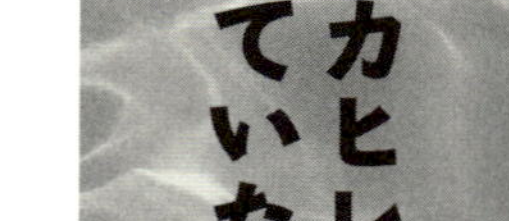

サメは食用として、かまぼこやはんぺんの原料にされる。とはいえ、マグロやカツオなどほかの魚と同じようにサメの肉がそのまま食材にされることは少ない。なぜなら、サメの肉が多くの尿素を含み、鮮度が落ちるとアンモニア臭を生じるからだ。

サメといえば、何といっても中国料理の高級食材として人気が高いフカヒレだろう。サメのヒレであるフカヒレが、中国料理で使われるようになったのは15世紀からで、明の皇帝に仕えた鄭和《ていわ》が、東南アジアやインド洋への航海から持ち帰って以降とされる。日本では江戸時代に入ると、同じく中国料理の高級食材であるナマコとアワビの干物をさかんに清へ輸出するようになる。さらに、元禄～享保年間（18世紀前半ごろ）から、これにフカヒレの干物が加わり、長崎から俵に積めて出荷されたので「俵物三品」と通称された。

もともと日本人はサメを獲ってもヒレを食べる習慣がなく、多くの漁村でヒレは捨てられていた。それを知った清の商人が「え、ヒレを捨ててるの？　だったら高値で買うよ！」

と持ちかけたのがきっかけではないだろうか。

●幕府に安値で買い集められたフカヒレ

日本で最大のフカヒレの産地となったのは現在の山口県にあたる長門で、全国の半分近くの生産量を占めた。このほか九州や四国、関東の近海でも獲られている。安永〜寛政年間（18世紀末）のフカヒレの取引額は、1貫（3・75キログラム）あたり銀6匁で、大工の日当と同じぐらいだが、サメ漁は危険なので漁民にとって割に合う仕事ではなかった。

ところが、幕末にやってきた西洋列強の商人たちは、フカヒレが清との貿易で高額な商品になることに目をつけ、幕府の独占的な売買を廃止させた。この結果、それまで捨て値でフカヒレを幕府に引きわたしていた漁民たちは、しだいにフカヒレが大いにもうかる商品だと気づいて驚いたという。明治維新以後には政府の肝入りでフカヒレの輸出が拡大し、1868（明治元）年には4万5000斤（約27トン）だった輸出量が、1902（明治35）年には、じつに40万4883斤（約243トン）にまで伸びた。

フカヒレはコラーゲンが豊富で、清の宮廷では不老長寿をもたらす妙薬と考えられていた。日本が明治時代のころ、幼年の皇帝を陰からあやつって清の実権を握っていた西太后（1835〜1908年）も、フカヒレを大いに愛好したひとりだ。

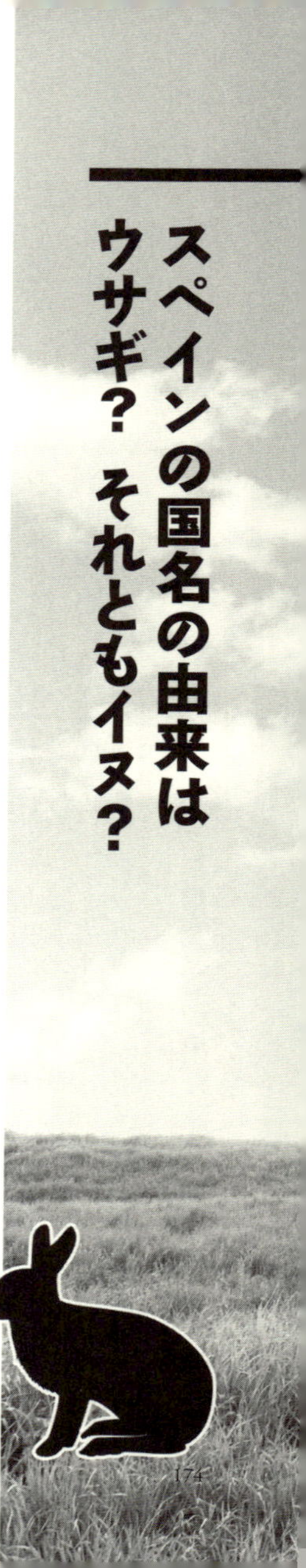

スペインの国名の由来はウサギ？ それともイヌ？

アメリカのニューヨーク州にあるバッファロー市や、「熊」という字があてられた日本の熊本市など、世界には動物に関わる地名が多く存在する。なかでも、スペインは国名が動物名に由来する。

「スペイン」という呼称は英語風の読み方で、現地では「イスパーニャ（Espana）」と発音される。古代の地中海周辺で一大勢力だったフェニキア人は、現在のスペインに上陸したときにウサギを目撃したので、「ウサギ海岸」という意味の「イシャファン（Isephanim）」とこの地を名づけ、ローマ帝国では「ヒスパン」と発音されるようになったといわれる。

以上は通説とされているのだが、フェニキア語でのイシャファンというのは、ウサギではなく中東に棲む「ハイラックス（イワダヌキ）」をさすともいわれる。ハイラックスの外見はウサギに少し似ているが、耳は小さい。ただし、ウサギの耳は放熱板の役割を果たすので、寒冷地などではきわめて耳の小さいウサギも生息する。もっとも、今となってはフェニキア人が見た動物が何かはわからない。

一方、スペインの国名は、ローマ帝国で紀元前2世紀まで使われた古ラテン語でイヌを意味する「ヒスパン」という語に由来するという説もある。ちなみに日本では、スペインのことを漢字で「西班牙」と書く。「牙」とあるほうがイヌのイメージに合うので、イヌ説が有力とも思われる。

スペインの国章にはライオンが描かれている。

現在のスペインの国章には右上の部分に動物が描かれているが、ウサギでもなければイヌでもなく、ライオンだ。

スペインの国章は、カスティーリャ、アラゴン、レオン、ナバラ、グラナダの5地域の紋章と、スペイン・ブルボン王家の紋章を組み合わせたもので、ライオンはかつてスペイン北西部を支配していたレオン王国の象徴である。

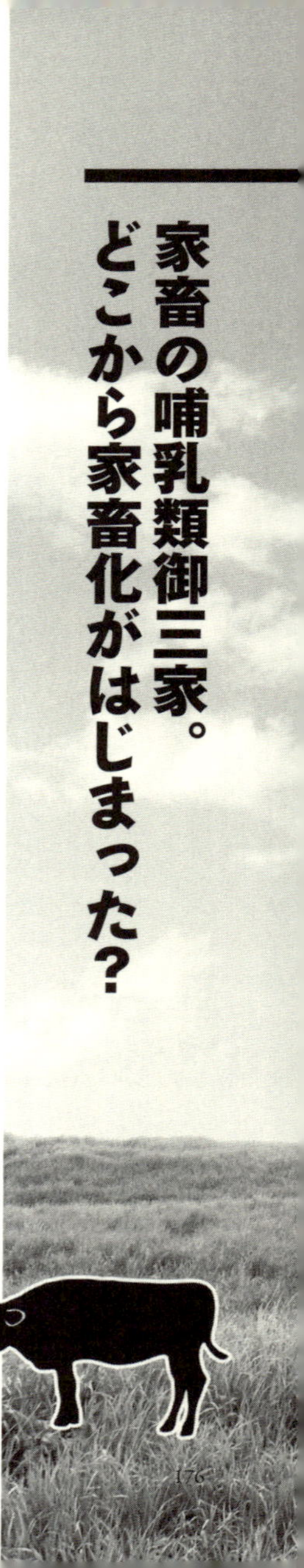

家畜の哺乳類御三家。どこから家畜化がはじまった？

人類最古の家畜は、イヌだったといわれる。約４万年前の後期石器時代に出現したクロマニョン人は、イヌを使って狩りの効率をアップさせることで旧人類のネアンデルタール人の生活圏を脅かし、現生人類となっていったと推定されている。

やがて、人類は牧畜の技術を身に付けていった。そこでイヌに続いて家畜化された動物はヒツジだったといわれる。１万年ほど前に西アジアから広まった。

日本ではウシやブタに比べてなじみが薄いヒツジだが、その用途は幅広い。乳や肉を食用にするほか、ヨーロッパでは古くから羊毛は衣類の材料となり、製紙技術のなかった古代のエジプトやローマ帝国などでは羊の皮が文字を書き記す媒体になった。中央アジアや中東の遊牧民は、ヒツジの脳から内臓まで、骨以外はすべて食用にし、乾燥気候のため薪が手に入らない地域ではフンを固めて燃料に使った。

また、英語で「資本」を意味する「ｃａｐｉｔａｌ」という語は、ラテン語で「頭」を意味する「caput」に由来するが、これはヒツジの「頭数」の単位だったともいわれる。牧畜を営む民にとっては、まさにヒツジ＝財産（資本）だったのだ。

ヒツジが多い国といえばニュージーランドが有名だが、じつは現在、ヒツジの飼育頭数で世界1位は中国だ。もともと中国の内陸にある内モンゴル、ウイグル、チベットは、羊や山羊を放牧する遊牧民の文化圏だった。羊肉の鍋料理は中国の都市部でも人気が高い。

記録によると、日本では6世紀末の推古天皇の治世にヒツジが輸入されたが、近世に入るまで飼育が広まらなかった。その一因は、もともとヒツジは乾燥地帯の動物なので、日本のような高温多湿な気候が体質に合わなかったからではないかといわれる。

●農耕の手助けにもなったウシとブタ

ウシの家畜化がはじまったのは、8000年ほど前の西アジアだといわれる。長さ80センチもの角を持つ、ウシの原種とされるオーロックスはアジアからヨーロッパの広い地域に生息していたが、人間に狩られて激減し、17世紀には絶滅してしまった。

ウシもヒツジと同じく、乳や肉を食用にしたり、皮は衣類や靴の材料にされたが、その力の強さから農耕や運搬に使われることも多かった。古代のエジプトではウシの女神ハトホルが信仰され、現在もインドのヒンドゥー教ではウシが神聖視される。どうやら、農耕

各家畜の飼育頭数上位5カ国

	ヒツジ	ウシ	ブタ
1位	中国（1億9492万7000頭）	ブラジル（2億1236万6000頭）	中国（4億7411万3000頭）
2位	オーストラリア（7261万2000頭）	インド（1億8700万0000頭）	アメリカ（6777万6000頭）
3位	インド（6300万0000頭）	中国（1億1396万6000頭）	ブラジル（3793万0000頭）
4位	イラン（4500万0000頭）	アメリカ（8852万6000頭）	ドイツ（2833万9000頭）
5位	ナイジェリア（4132万7000頭）	エチオピア（5670万6000頭）	ベトナム（2676万2000頭）

「世界の統計 2017」（総務省統計局）

中国のヒツジとブタの飼育頭数は群を抜いている。

に活用されるウシは豊作をもたらす存在だったからだともいわれる。インドはウシの飼育頭数で世界2位だが、神聖な動物であるウシの肉を食べる者はほとんどいない。

さて、西アジアやヨーロッパではウシやヒツジの乳がよく飲まれ、チーズやヨーグルトなどの乳製品が普及しているが、日本を含めた東洋では近代まで食べられなかった。その理由のひとつは、中華文化圏では近隣の遊牧民を蛮族と見なしていたので、ヒツジやウシの乳を飲むという彼らの食習慣を受け入れなかったからのようだ。

ブタが家畜化されたのも8000年ほど前で、もっとも古くから飼育していたのは、中国だといわれる。よく知られているとおり、ブタは野生のイノシシを飼い慣らしたものだ。現代も中華文化圏では両者の区別はあいまいであり、じつは干支の「亥」は、中国ではイノシシではなくブタを意味する。

ブタはもっぱら食肉用の家畜だが、ウシとは違った使い方で農耕にも活用された。トリュフの採集にブタが使役されるのは有名だが、ブタは地面をほじくり返して地中の虫や木の根などを食べるので、林や荒れ地を開墾するのには便利だった。

現在、ブタの飼育頭数がもっとも多いのは中国で5億頭近く、2位のアメリカの約7倍にもなる。中華文化圏では、古代からウシは農耕に使うので食用にはせず、食肉用の家畜はブタという習慣があったようだ。

一方、西アジアや北アフリカの国々でブタはほとんど飼育されていない。これはイスラム教でブタが不浄な動物と見なされ、食べることはもちろん、触れることもタブーとされたからだ。

日本では江戸時代まで、仏教文化の影響で肉食は一般的ではなかったが、九州南部の薩摩ではブタがよく食べられていた。これは、薩摩の実質的な支配下にあった琉球王国の食文化の影響だ。江戸幕府最後の将軍となった徳川慶喜（1837〜1913年）もブタ肉が好物で「豚一様《ぶたいち》」と呼ばれ、薩摩から献上されたブタ肉をよく食べていたという。

北アメリカ先住民が「ヘラジカ犬」と呼んだ動物とは？

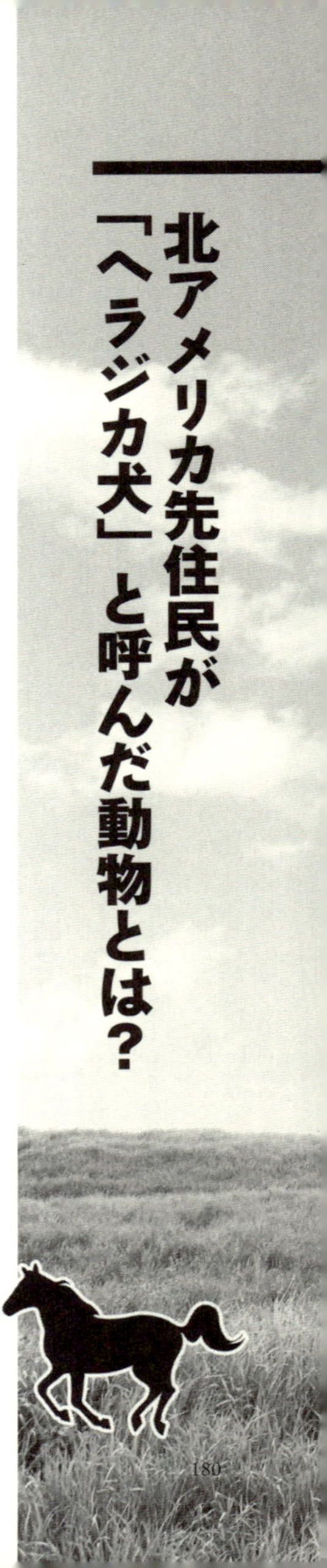

かつて北アメリカには、先住民（ネイティブ・アメリカン）から「ヘラジカ犬」と呼ばれた動物がいた。ヘラジカとは、北米やユーラシア大陸の寒冷な森に生息する巨大なシカだ。それなら「ヘラジカ犬」は、角が生えた犬……のことではない、ウマのことである。

北米大陸では約1万年の最終氷期の後にウマ科の動物が絶滅し、アメリカ大陸の先住民は長い間、ウマという生き物を見たことがなかった。だが、15世紀末にヨーロッパから白人が流入する際、ウマが持ち込まれる。とはいえ、先住民の間にはこの動物の名を表わす言葉がなかった。そこで、ヘラジカのように足が速く、犬のように荷運びに使えることから、ウマのことを当初はヘラジカ犬と呼んだのだ。

さて、北アメリカの先住民を白人が次々と征服できたのは、白人がウマを軍事力として大いに活用した点が挙げられる。兵の数が少なくても、騎馬ならば軍隊が進撃するスピードははるかに速くなるし、活動範囲も格段に広くなるからだ。

●ウマを手に入れて暮らしが激変した部族も

しかし、白人の流入から百年あまりが過ぎると、牧場から逃げ出して野生化した馬が増え、しだいに先住民もウマを利用するようになっていく。先住民の部族間の抗争でも、お互いにウマを駆っての戦いが増えていった。ただし、先住民が手に入れた野生馬の多くは、人間が飼育したウマに比べて栄養状態が悪い環境で育ったため、体格の小さなポニーが多かったといわれる。

なかには、ウマの利用によってライフスタイルが大きく変化した部族もある。アメリカ北部に住むスー族（ダコタ族・ラコタ族）は、もともとはトウモロコシ栽培などの農業を営んでいたが、白人の入植によって従来の居住地を失ったため、18世紀ごろから積極的にウマを活用して移動しながらバイソン（野牛）などを追う狩猟民になっていった。

先住民がウマを操るようになると、今度は白人にとっての脅威が増し、幾度となく西部劇のような白人と先住民の抗争がくり返された。19世紀の末には、多くの部族が白人が定めた居留地に押し込められてしまう。ウマで自由に平原を駆け抜けていたスー族は、皮肉にもかつてのような定住生活に追い込まれた。先住民にとって白人の流入は不幸の種でしかなかったが、ウマが敵から相棒に変わったのはせめてもの救いだったのだろうか。

日本人がはじめてゾウと出会ったのは飛鳥時代？

ひょっとすると、今あなたが住んでいる場所にはかつてゾウがいたかも知れない。それというのも、日本列島には1万5000年以上前の石器時代、ドイツ人の地質学者ナウマンが化石を発見したナウマンゾウや、マンモスが住んでいたからだ。それらは気候の変動などのため、およそ1万年前に絶滅したとされ、縄文人が残した土器などにもゾウの姿を見ることはできない。

絶滅から時を経て、中国からインド、ペルシアなどの工芸美術が伝わる過程で、日本人はふたたびゾウの姿に接するようになる。奈良県斑鳩《いかるが》町にある藤ノ木古墳から出土した鞍金具の装飾には、ウサギや獅子などとともに、2頭のゾウの姿が描かれていた。この古墳は、6世紀後半の飛鳥時代のものと推定されている。東大寺正倉院の宝物殿が所蔵している8世紀ごろの「臈纈《ろうけち》屏風」にも、かなり正確なゾウの姿が描かれている。

インドから日本に伝わった仏教説話にもたびたびゾウが登場し、その描写は平安文学に

も影響を与えた。『源氏物語』のヒロインのひとりである末摘花《すえつむはな》は長い鼻の持ち主なので「普賢菩薩の乗り物」のようだと書かれている。この乗り物とはゾウのことだ。だが、このときはまだ、ゾウは日本に持ち込まれていない。

実際にゾウが持ち込まれたのは、室町時代の1408（応永15）年のことで、4代将軍の足利義持への進物だったが、後に朝鮮の王家に贈られた。

江戸時代中期の1728（享保13）年には、8代将軍の徳川吉宗が清の商人を通じて広南（現在のベトナム）からゾウを取り寄せ、江戸の町はゾウの見物人でにぎわった。その途中、京都では中御門《なかみかど》天皇と霊元《れいげん》法皇も見物を希望したが、官位がない者は御所に入れないので、わざわざゾウに「広南従四位白象」という位を授けて宮中に入れたという。

正倉院の「臈纈屏風 象木屏風」。
（正倉院宝物）

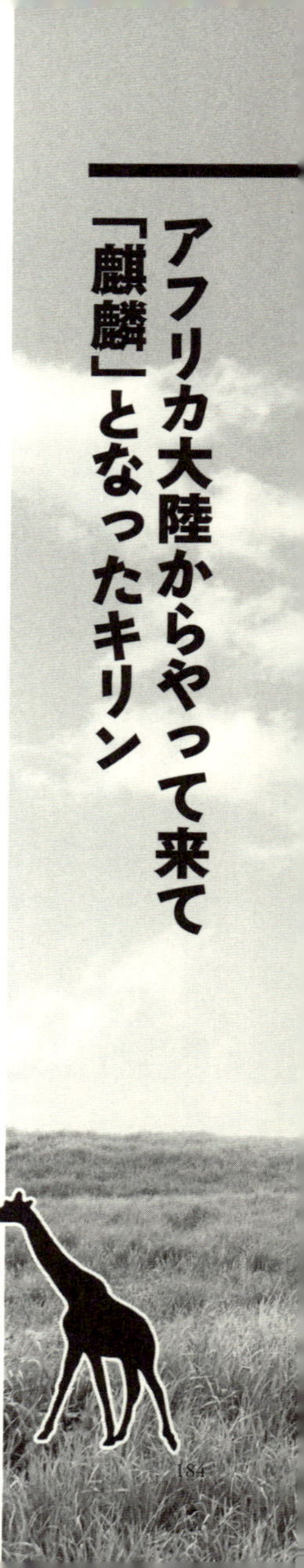

アフリカ大陸からやって来て「麒麟」となったキリン

ライオンやチーター、シマウマ、サイ、ダチョウなどなど、アフリカ大陸に棲む動物の多くを日本人が目にするようになったのは、幕末か明治時代以降だ。ところが、すぐお隣りの中国の人々は、それらと数百年も前に出会っていた。

明の永楽帝に仕えた宦官の鄭和（１３７１〜１４３４年ごろ）は、１４０５年から、２万数千人もの乗組員を従えて七度にわたる大航海を行なった。鄭和の大艦隊は東南アジアからインド洋、アラビア半島、アフリカ大陸にまで至り、一説によればアメリカ大陸にまで到達していたのではないか？ともいわれる。

鄭和は、１４１９年に五度めの航海から帰国したおり、冒頭に挙げたようなアフリカ大陸の珍しい動物を数多く持ち帰った。

なかでも永楽帝に喜ばれたのがキリンで、明の人々はこれを伝説上の瑞獣《ずいじゅう》である「麒《き》麟《りん》」だと考えた。この理由として、キリンをさす「ジラフ」という語が「ギラフ」と伝えられて麒麟との混同を招いた、あるいは実際に東アフリカのソマリアでは「ゲリ」・「ギリン」と呼ばれていたという説もある。余談だが、伝説上の麒麟は実際のキリンと異なり、一本角に描かれることが多い。

当時、明の都は南京だったが、永楽帝は１４２１年に北平（北京）への遷都を行なった。このため、縁起のよい麒麟が献上されたタイミングで、遷都することにしたとする説もある。だが、もともと永楽帝は即位するまで北平で育っていたことに加え、モンゴル族や満洲族など北方の異民族ににらみをきかせるため都を北に移したようだ。

アフリカ大陸から持ち込まれたキリン。

じつは、そもそも明にキリンが持ち込まれたのはこれがはじめてではなかった。すでに１４１４年には、インドのベンガル経由で永楽帝にキリンが献上されていたという。

江戸時代のペットブーム。飼育の指南書まで出版されていた！

日本で愛玩用のペットが広まったのは、江戸時代中期ごろだ。戦乱がなくなり、農業生産も向上して生活に余裕が出てきたことに加え、生類憐みの令によって動物愛護の精神が広まったことも影響しているようだ。

幕府の有力者や大名たちは、財力や権威のステータスとして、海外から高価で珍しいペットを求めた。たとえば、「水戸黄門」こと水戸光圀（1628～1701年）は、1667（寛文7）年に清から3匹のサルとジャコウネコを取り寄せたという。

庶民の間でも、イヌやネコ、ウグイス、オウム、文鳥、亀、松虫、鈴虫などなど、さまざまなペットが飼われた。なかでも人気を博したのが金魚だ。それまで魚類は桶《おけ》に入れて飼うのが主流だったが、江戸時代後期にはガラス製の「金魚玉」（金魚鉢）がつくられ、横や下からも金魚の姿を観賞できるようになった。1748（寛延元）年には、大坂出身の安達喜之が、日本初の金魚の飼育入門書となる『金魚養玩草』を著している。

もうひとつ江戸時代に広まったのが、舶来動物の見せ物だ。寛永年間（17世紀前半）の京都の四条河原を描いた絵画には、クジャクやトラを見せ物にしている場面がある。

開国後は、トラやラクダ、ゾウなどの見せ物が一気に増える。見せ方にこった例として、名古屋などで行なわれたヒョウの見せ物では、観客の目の前で生きたハトを放ち、ヒョウがそれを食べるという演出を行なったそうだ。

初代歌川芳豊によって描かれたヒョウの見世物の様子。当時はトラとして出品されたため、絵の中では「虎」とされている。（玉川大学教育博物館所蔵）

こうした見せ物ではしばしば、動物の「ご利益」が売り物にされた。たとえば南洋（東南アジア）産のヒクイドリの羽毛は疱瘡《ほうそう》や発疹を避けるといわれ、トラの毛はキツネやタヌキなどの害を避けるグッズとして売買されている。見せ物小屋の主は、高価な動物を買うのに費やした元手を取り戻すため、商魂たくましかったようだ。

■参考文献

『早わかり世界史』宮崎正勝 著（日本実業出版社）
『総合新世界史図説』（帝国書院）
『ファーブル昆虫記1 ふしぎなスカラベ』奥本大三郎 訳・解説（集英社）
『ファーブル昆虫記8 伝記 虫の詩人の生涯』奥本大三郎 訳・解説（集英社）
『種の起原（上）（下）』チャールズ＝ダーウィン 著、八杉龍一 訳（岩波書店）
別冊宝島2320『実録 昭和天皇』伊藤之雄 監修（宝島社）
『昭和天皇伝』伊藤之雄 著（文藝春秋）
『「進化」の地図帳』おもしろ生物学会 編（青春出版社）
『日本近世の歴史3 綱吉と吉宗』深井雅海 著（吉川弘文館）
『図解でわかる飛行機のすべて』三澤慶洋 著（日本実業出版社）
『学校で習った「法則・定理」ほんとうの使い道』山根成樹 監修（実業之日本社）
『日本の家畜・家禽』秋篠宮文仁、小宮輝之 監修・著（学習研究社）
『IUCN レッドリスト 世界の絶滅危惧生物図鑑』岩槻邦男、太田英利 訳（丸善出版）
『犬と鷹の江戸時代』根崎光男 著（吉川弘文館）
『図解 世界史を変えた50の動物』エリック＝シャリーン 著、甲斐理恵子 訳（原書房）
『人と動物の日本史 2歴史のなかの動物たち』中澤克昭 編（吉川弘文館）

『人と動物の日本史 3動物と現代社会』菅豊 編（吉川弘文館）
『人類五〇万年の闘い マラリア全史』ソニア＝シャー 著、夏野徹也 訳（太田出版）
『世界史の中のマラリア』橋本雅一 著（藤原書店）
『ヨーロッパの黒死病』クラウス＝ベルクドルト 著、宮崎啓子・渡邊芳子 訳（国文社）
『ペストの歴史』宮崎揚弘 著（山川出版社）
『ペストの文化誌』倉持不三也 著（朝日選書）
『人類と感染症の歴史』加藤茂孝 著（丸善出版）
『ヒンジ・ファクター』エリック＝ドゥルシュミート 著、高橋則明 訳（東京書籍）
『日本医療史』新村拓 著（吉川弘文館）
『ものと人間の文化史35 鮫』矢野憲一 著（法政大学出版局）
『シルクロードからの博物誌』足田輝一 著（朝日新聞社）
『シルクロード渡来人が建国した日本』久慈力 著（現代書館）
『玄奘三蔵』慧立・彦悰 著、長澤和俊 訳（講談社）
『新装版 世界大博物図鑑1 蟲類』荒俣宏 編（平凡社）
『新装版 世界大博物図鑑2 魚類』荒俣宏 編（平凡社）
『新装版 世界大博物図鑑3 両生・爬虫類』荒俣宏 編（平凡社）
『新装版 世界大博物図鑑4 鳥類』荒俣宏 編（平凡社）

『新装版 世界大博物図鑑5 哺乳類』荒俣宏 編（平凡社）
『日本古典博物事典 動物篇』小林祥次郎 著（勉誠出版）
『事典 人と動物の考古学』西本豊弘・新美倫子 編（吉川弘文館）
『ヒトと動物の関係学 第2巻 家畜の文化』秋篠宮文仁・林良博 著（岩波書店）
『肥料になった鉱物の物語』高橋英一 著（研究社）
『図説 馬と人の歴史全書』キャロライン＝デイヴィス 著、別宮貞徳 監訳（東洋書林）
『動物と人間の歴史』江口保暢 著（築地書館）
『宇宙開発の50年』武部俊一 著（朝日新聞社）
『図説 世界の「最悪」兵器大全』マーティン＝J＝ドアティ著、松崎豊一 訳（原書房）
『動物と戦争』アンソニー＝J＝ノチェッラ二世・コリン＝ソルター・ジュディー＝K＝C＝ベントリー 著／井上太一 訳（新評論）
『戦争と伝書鳩 1870-1945』吉田和明 著（社会評論社）
『図説 動物兵士全書』マルタン＝モネスティエ 著、吉田春美・花輪照子 訳（原書房）
『南極物語』野上龍雄・佐治乾・石堂淑朗・蔵原惟繕 著（サンケイ出版）
『第二の創造』I＝ウィルマット・K＝キャンベル・C＝タッジ 著、牧野俊一 訳（岩波書店）
『源頼政と木曽義仲』永井晋 著（中央公論新社）
『鄭和』寺田隆信 著（清水書院）
『寄生虫との百年戦争』林正高 著（毎日新聞社）

『絶滅危惧の動物事典』川上洋一 著（東京堂出版）
『世界の神獣・モンスターがよくわかる本』東ゆみこ 監修（ＰＨＰ研究所）
『中国』渡辺利夫 監修、加藤弘之・陳光輝 著（勁草書房）

■ウェブサイト

環境省　レッドリスト２０１７
Malaria No More Japan
世界保健機関「２０１６年版世界マラリアレポート」

監修者

宮崎正勝（みやざき　まさかつ）
1942年東京生まれ。歴史家。東京教育大学（現・筑波大学）文学部卒業。元・北海道教育大学教授。中央教育審議会社会・地理歴史・公民部会専門委員。著書は、『早わかり世界史』『地図と地名の世界史』（日本実業出版社）、『世界史の読み方』（角川選書）、『知っておきたい「食」の世界史』（角川ソフィア文庫）、『海図の世界史』（新潮選書）、『文明ネットワークの世界史』（原書房）ほか多数。

※本書は書き下ろしオリジナルです。

じっぴコンパクト新書　330

JIPPI Compact

生《い》きものにあやつられた日本《にほん》と世界《せかい》の歴史《れきし》

2017年9月13日　初版第1刷発行

監修者……………宮崎正勝
編著者……………造事務所
発行者……………岩野裕一
発行所……………株式会社実業之日本社
〒153-0044　東京都目黒区大橋1-5-1 クロスエアタワー8階
電話(編集)03-6809-0452
　　(販売)03-6809-0495
http://www.j-n.co.jp/
印刷所……………大日本印刷株式会社
製本所……………大日本印刷株式会社

ISBN978-4-408-33729-6(第一 趣味)